不道徳教育

Defending The Undefendable by Walter Block
translation & text by Akira Tachibana

擁護できないものを擁護する

橋玲＝訳・文
ウォルター・ブロック＝著

講談社

献辞

政治経済学を授けるだけでなく、その正義への情熱でわたしを鼓舞してくれた以下の人々に本書を捧げる。

ナサニエル・ブランドン
ウォルター・E・グリンダー
ヘンリー・ハズリット
ベンジャミン・クレイン
アイン・ランド
ジェリー・ウォルツ
そしてなによりも、
マリー・N・ロスバード

不道徳教育——擁護できないものを擁護する◎目次

不道徳教育

——擁護できないものを擁護する

カバー・本文イラスト／花くまゆうさく
本文レイアウト／中川まり

はじめてのリバタリアニズム

橘《たちばな》 玲《あきら》

極東の村人

世界のどこか辺鄙《へんぴ》な村に、飛行機をいちども目にしたことのない人たちが住んでいるとする。彼らは、はじめて村を訪れた外国人旅行者から〝飛行機〟なる乗り物のことを聞き、それがなにかをめぐって口角泡《こうかくあわ》を飛ばす議論をはじめる。「巨大で銀色で窓がたくさんある」とか、「座っているだけで酒や食べ物がいくらでも出てくるらしい」とか、「いちど乗ったら途中で絶対に降りられない」とか、「美人の女の子が世話をしてくれるそうだ」とか。

それらはどれも間違っていないが、肝心のことが抜けている。飛行機は、空を飛ぶのだ。

二〇〇五年九月の〝郵政解散〟選挙で小泉自民党が歴史的勝利を収め、これからは「市場原理主義」に基づく「小さな政府」の時代が訪れる、と言われている。だがこの国で交わされている議論は、私をひどく戸惑わせる。まるで、飛行機を見たことのない村人の話を聞いているかのように。

国家の機能を縮小し、市場原理によって社会を運営しようとする政治思想を「**リバタリアニズム**」という。そして世界標準《グローバルスタンダード》の理解では、「**市場原理主義**」や「**小さな政府**」は彼らリバタリアンの政治思想を指す――それは、われわれ極東の「村人」が思っているのとはまったく別のものなのだ。

ウォルター・ブロックってだれ？

本書は、一九七六年に出版された“**Defending The Undefendable**（擁護《ようご》できないものを擁護する）”の翻訳である。著者のウォルター・ブロック教授はアメリカを代表するリバタリアンの一人で、一九四一年ニューヨーク生まれだから、執筆当時は三十代なかばの新進気鋭の政治経済学者であった（現在はニューヨーク・ロヨラ大学経済学部教授）。無政府主義のリバタリアンとして著名な経済学者マリー・ロスバードのサロンに出入りするなかで、本書の構想を得たらしい。売春やドラッグなど、「不道徳」な行為に対する人々の偏見を過激に挑発する著者の手並みは鮮《あざ》やかで、出版当時から大きな話題を呼び、喧々囂《けんけんごう》囂《ごう》の議論を巻き起こした。

九一年には軽装版として再刊され、その際に二十世紀最大の思想家の一人であるフリードリッヒ・フォン・ハイエク（一九七四年ノーベル経済学賞受賞）による推薦文が添えられた。それ以外にも、ピーター・バウアー（経済学者）やロバート・ノージック（哲学者）など錚々《そうそう》たる面々が推薦の言葉を寄せていることからも、本書がたんなる〝キワモノ〟でないことは明らかだろう。

私は、数年前にたまたまインターネットの古書店で本書の九一年版を入手したのだが、手元に届いたその日にぱらぱらとページをめくっていて、そのまま夢中になって一日で読了してしまった。本書の魅力は、なんといっても、次々と繰り出される荒唐無稽《こうとうむけい》な登場人物の数々と、彼ら（たとえば「満員の映画館で『火事だ！』と叫ぶ奴」）を擁護する手品師顔負けのレトリック（というか「論理のトリック」）にある。そしてハイエクの言うように、「そんな馬鹿な」と思いつつ、いつのまにか説得されている自分に気づくのだ。

一般の読者にとって、本書のなかでもっとも目を引くのは、ドラッグや売春の全面自由化を求める過激な主張だろう。だがこれはいまや定番の議論で、ミルトン・フリードマン（一九七六年ノーベル経済学賞受賞）やゲーリー・ベッカー（一九九二年ノーベル経済学賞受賞）などの大物経済学者が『ニューヨークタイムズ』や『ウォールストリート・ジャーナル』などの一流紙でドラッグ・売春解禁の論陣を張っていることからもわかるとおり、経済学的には、その正当性はほぼ決着がついている。それが実現しないのは、経済的に正しいことが政治的に正しいとはかぎらないからである。ようするに「ドラッグ自由化」では、（いまのところ）政治家は選挙に当選できないのだ。

著者は彼ら、「不道徳」の烙印《らくいん》を押された者たちを「ヒーロー」と呼び、リバタリアンの立場から、これまでだれも評価しなかったその功績を讃《たた》える。もちろん、〝良識ある〟人々はブロック教授の見解に同意しないだろう。本書の登場人物は三十年後の日本でも不道徳なままであり、そこにこそ本書が古びない理由がある。

「小さな政府」と「市場原理主義」

本書の翻訳を試みたのは、もちろんたんに刺激的な読み物だからではない。私はこの本を、無意識のうちに現在の日本の状況に重ね合わせて読んでいた。

一九七〇年代のアメリカはベトナム戦争の泥沼に苦しみ、洪水のような日本製品の流入で貿易赤字が膨《ふく》らみ、経済は停滞し株価は地を這《は》うばかりで、社会はどんよりとした閉塞《へいそく》感に覆《おお》われていた。だれもが「改革」の必要性を感じていたが、なにをどうすればいいかわからなかった。

バブル崩壊後の日本社会でも同様に、地価と株価の暴落にはじまる出口の見えない不況が延々とつづき、高齢化の不気味な足音とともに言いようのない不安が私たちを襲っている。中国の台頭と国家の衰亡を嘆く憂国の人々が声を張り上げ、やはりだれもが「改革」を望んでいる。

でも、「改革」っていったいなんだ？

この疑問に対する著者の回答は明快である。**すべての不幸は国家によって引き起こされている。**国家が存在しなければ（国家間）戦争も貿易不均衡も起こらない。年金制度が存在しないのだから高齢化社会が問題になることはないし、そもそも「国家」の衰亡を憂《うれ》える必要すらない。われわれは枯れ木を幽霊と信じて脅《おび》える子どもと同じだ。発想を変えさえすれば、コロンブスの卵のように「問題」そのものが消えてしまう——。

これはすなわち、**「国家観のコペルニクス的転回」**である。

「お上《かみ》」という言葉に象徴されるように、私たち日本人は（というより世界のほとんどの国では）、国家（公）を民の上に立ち、人々を善導し、かいがいしく世話を焼き、ときには厳しく罰することもある母親のような存在と信じている。だがリバタリアンにとって、最大限好意的に解釈しても、国家は市場で提供できない特殊なサービスを「必要悪」として担《にな》うだけだ。

国家が国民の福祉を増進するというのは幻想であり、アウシュビッツやヒロシマ、あるいは旧ソ連の強制収容所や中国の文化大革命を見てもわかるように、歴史的事実は、強制力をともなう巨大な権力が、一人ひとりの人生にとてつもない災厄をもたらすことを教えている。そうであれば、国家が小さければ小さいほど私たちの自由と幸福は増大するはずだ。**人類の理想とは、国家の存在しない世界である**——。これがリバタリアンの第一の主張だ。

その一方で、私たちは「市場」を弱肉強食のジャングルのようなものだと思い込んでいる。市場原理主義に支配された社会では「勝ち組」がすべての富を独占し、「負け組」はホームレスとなって路上で死を待つほかない。これはマスメディアの大好きな構図だが、そこでは国家は暴走する市場に介入し、社会正義を実現するヒーローの役割を演じることになる。

　だがリバタリアンによれば、これはとんでもない勘違いである。アダム・スミス以来の経済学が人類にもたらした最大の貢献とは、市場が弱肉強食の残酷な世界ではなく、自由な交換を通してだれもが豊かになれる協働の場所であることを示したことだ。この自由な市場に国家が干渉すると、その機能は決定的に阻害され、経済的停滞と貧困が人々を襲うことになる。このことは、一九八九年のベルリンの壁の崩壊とそれにつづく旧社会主義圏の解体で、歴史的に議論の余地なく証明されている。

「福祉国家」の名のもとに国家が市場に介入することは、かつて旧ソ連・東欧諸国で大規模に行われた破壊行為（いまも北朝鮮では同様の仮借《かしゃく》なき破壊がつづけられている）を、規模を小さくして繰り返しているようなものだ。**「市場原理主義」こそが、人々に自由と幸福をもたらす唯一の希望なのである**——。これがリバタリアンの第二の主張になる。

　リバタリアンの描く未来では、「小さな政府」は、仮にそれが必要であったとしても、国防や治安維持などの、限定された役割をたんたんとこなす下請け業者のようなものでしかない。「市場原理主義」は世界を一部の金持ちと大多数の貧乏人に分けるのではなく、むしろ国家こそが、そのような差別的で不幸な社会をつくるのだ。

国家は、徴税や徴兵によって個人の権利を不可避的に侵害する。公務員は国家に寄生し、吸血鬼のごとくわれわれの血を啜《すす》っている。リバタリアンが唱《とな》える「改革」とは、国家に奪われた役割を市場と市民社会の手に取り戻すことだ。「郵政民営化によって日本は〝小さな政府〟と〝市場原理主義〟の国に生まれ変わる」などというのとは、ぜんぜん次元のちがう話なのである。

リバタリアンはダーティハリー？

もしもあなたにアメリカ人の友だちがいたら、「リバタリアンについてどう思う？」と聞いてみよう。きっとヘンな顔をするはずだ。アメリカでもリバタリアニズムをちゃんと理解している人はごく少数で（いつの時代も政治思想に興味を持つ人なんてほとんどいないのだ）、たいていはよくて「極右」、悪くすれば「テロリスト」の類《たぐい》と思われている。なぜ、こんなことになってしまったのだろう。

世界でもっとも有名なリバタリアンは、映画俳優・監督のクリント・イーストウッドで、映画『ダーティハリー』のイメージがリバタリアンに重ね合わされることも多い。サンフランシスコ市警の嫌われ者ハリー・キャラハン刑事は、いつも汚《よご》れ仕事を押しつけられ、リベラルな〝人権〟尊重派の上司に邪魔されながら、最後は法律と規則を無視し、己《おのれ》の信ずる正義の法に従って悪党どもを44マグナムで撃ち殺すのだ。

そのイーストウッドがアカデミー賞最優秀作品賞・監督賞を受賞した西部劇『許されざる者』は「リバタリアン映画の傑作」とされ、ここではジーン・ハックマン扮《ふん》する〝リベラル〟な老保安官に、娼婦に雇《やと》われた賞金稼《かせ》ぎの老ガンマン（イーストウッド）が対決する。だがリバタリアンの右翼的なイメージは、ダーティハリーのせいだけではない。

リバタリアニズムは、言うまでもなく、個人の自由を最大限尊重する思想だ。アメリカは憲法によって個人の武装権を認めており、リバタリアンは当然、「銃器を保有するのはその人の自由」という立場をとる。これだけで、リベラル派から「右翼」のレッテルを貼られる。

アメリカ南部や中西部には、「ミリシア」と呼ばれる民兵組織が多数存在する。彼らは合衆国憲法修正第二条（「規律ある民兵《ミリシア》は、自由な国家の安全にとって必要であるから、人民が武器を保持し、また武装する権利は、これを侵《おか》してはならない」）を根拠に設立された民間の武装集団で、歴史的には西部開拓時代の自警団をルーツに持つが、現在は銃やライフルを振り回す右翼団体と変わらない。リバタリアンは彼らの存在をも容認するから、これで「極右」である。

さらに、一九九五年四月十九日、米オクラホマ州オクラホマシティの連邦政府ビルが爆破され、ビル内の保育所に預けられていた多数の子どもを含む百六十八名の死傷者を出す大惨事が引き起こされた。この爆破事件の犯人がミリシアの元メンバーであったため、リバタリアンはミリシアともども「テロリスト」のレッテルを貼られることになった。

連邦政府ビル爆破事件のちょうど二年前、テキサス州ウェイコにあるカルト宗教団体「ブランチ・デビディアン」の本部を連邦政府の「アルコール・タバコ・火器局（ATF）」が襲撃し、銃撃戦のあげく十七人の子どもを含む八十六人が集団自殺する悲劇が起きている。ミリシアはカルト教団とはなんの関係もないが、この事件は彼らに大きな衝撃を与えた。

連邦政府がブランチ・デビディアン本部の強制捜査に踏み切ったのは、彼らが大量の武器弾薬を保有していたからである。だが、テキサス州には武器の保有量に関する規制はなく、彼らはこれまでいちども銃を使用したことがなかった。武装権は合衆国憲法によって国民すべてに認められており、彼らはなにひとつ法を犯してはいない。「ウェイコの悲劇」はミリシアたちにとって、連邦政府（国家）による「武装する権利（自然権）」の侵害であり、少なくとも犯人の理屈では、連邦政府ビル爆破は正当な報復行為だったのである。

だが、あらかじめ述べておくならば、「リバタリアン＝極右」の図式は誤解である。リバタリアンは武装右翼の存在を認めるが、だからといってミリシアのメンバーはリバタリアンではない。またリバタリアンは、いかなる理由であれ、罪のない人々の生命を奪うことを許さない。

実際には話は逆で、リバタリアンの主張は右翼よりも、左翼＝リベラル派と重なることのほうがずっと多い。歴史的に見て、奴隷《どれい》制度に真っ先に反対したのはリバタリアンであった。婦人参政権や公民権運動を支持し、移民規制に反対し、自由貿易を求めてもきた。自由原理主義者であるリバタリアンは、人種や性別や国籍を問わず、すべての人に平等に、自由に生きる権利があると信ずるからだ。

だが考えてみれば、これは不思議でもなんでもない。リベラリズム（進歩的自由主義）とリバタリアニズム（自由原理主義）は、同じ「リバティ（自由）」から生まれた双生児なのだから。

リバタリアニズムとはなにか？

英語にはLiberty《リバティ》とFreedom《フリーダム》という、**「自由」**を意味する二つの言葉がある。このうち「リバティ」は制度的な自由（責任をともなう自由）、「フリーダム」は制限なき自由（好き勝手とか、自由奔放《ほんぽう》とか）のニュアンスで使われるから、政治思想としての「自由主義」はリバティを語源とするリベラリズムLiberalismに、「自由主義者」はリベラリストLiberalistになる。

ところが困ったことに、このリベラリズムにはたんなる「自由主義」以上の特別な意味がある。政治的なリベラルとは、福祉と人権を重視し平等な社会を目指す人々のことをいう。彼らは国民から税金を徴収し、それを貧しい人たちに再分配することを当然と考え、競争力のない産業を保護し、ライフライン（電力・水道・ガス）など生活に不可欠な公共財を国家が提供するよう求める。これは、市場原理主義とは対極にある政治的立場だ。

そこで国家の市場への介入を批判する経済学者らは、彼ら「**リベラル派**」と区別するために、「**古典的自由主義 Classical《クラシカル》 Liberalism《リベラリズム》**」を自称するようになった。「古典的」とは「アダム・スミス以来の伝統に連《つら》なる正統派」の意味なのだが、これは「元祖釜飯」のようなものでいまひとつ迫力に欠ける。そこで別のグループは、同じ Liberty（自由）からリバタリアニズム Libertarianism（自由主義）、リバタリアン Libertarian（自由主義者）という造語をひねりだした。こうして、リベラリストとリバタリアンのあいだで、どちらが本物の「自由主義」かをめぐる骨肉の争いがはじまったのである（古典的自由主義者のなかには、「リバタリアン」の右翼的イメージを嫌う人もいる）。

このように現代では、代表的な二つの政治思想が「自由」という指輪を奪い合う果てしないたたかい（ロード・オブ・ザ・リング）をつづけている。ではなぜ、指輪には「Liberty」の文字が刻まれていなければならないのか。それは、私たちが生きている近代社会が、「自由」に至高の価値を与えているからだ。

人々が自由に暮らせるのはよいことであり、自由を否定するのは近代＝文明社会の否定だ——。このことは、一部の過激な宗教原理主義者を除けばだれも反対しないだろう。

異論がないのは、その命題が「正しい」からではなく、すべての議論の前提になっているからだ。私たちは、生きるうえで「自分は人間である」という前提（これも近代のイデオロギーのひとつ）から出発するしかない。それと同様に、近代というパラダイムが変わらないかぎり、「自由」の価値を否定することもできない。

このことをもっと簡単に言うこともできる。

リバタリアニズムというのは、ようするに次のような政治思想だ。

人は自由に生きるのがすばらしい。

これに対して、リベラリズムは若干の修正を加える。

人は自由に生きるのがすばらしい。しかし平等も大事である。

「自由主義」に対抗する思想として保守主義が挙げられるが、それとても「自由」の価値を否定するわけではない。彼らは言う。

人は自由に生きるのがすばらしい。しかし伝統も大事である。

たったこれだけで、現代の政治思想の枠組みが説明できてしまった。アメリカの共和党と民主党が典型だが、二大政党による政治的対立というのは、「自由」をどのように修正するのか（あるいはしないのか）の争いなのだ。

そしてこのことから、暴論の類《たぐい》としか見えないリバタリアンの主張を批判するのが、思いのほか困難な理由が明らかになる。リバタリアニズムは純化された自由主義である。そして保守主義者（伝統重視派）であれリベラリスト（平等重視派）であれ、自分自身が拠《よ》って立つ足場（自由の価値）を否定することは原理的に不可能なのだ。

幸福のルール

自由を至上の価値とする社会であっても、人は思いのまま好き勝手に生きられるわけではない。自分以外のすべての人も、自由に生きる権利を持っているからだ（この平等原則は、「自由」を普遍的な価値とすることからただちに導き出される。特定の人にしか与えられない価値は普遍的たりえないのだ）。

社会を営《いとな》んでいくためには、当然、なんらかのルールが必要になる。では、理想的なルールとはどのようなものだろうか？

これも、細かな議論を省《はぶ》くならひとことで要約できる。

みんなが幸福になれるルールがよいルールである。

そして偉大なるアダム・スミスが、自由主義と社会の法則とを結びつけた。彼は言う。

「だれもが自由に生きれば、市場の〝見えざる手〟によってすべての人が幸福になるであろう」

そのために必要なルールは、たったの三つしかない。
①自己所有と私有財産の権利は不可侵である（自己所有権・私有財産権）。
②正当な所有者の合意を得ずに財産を取得することはできない（暴力の禁止）。
③正当な所有者との合意によって取得した財産は正当な私有財産である（交換と譲渡のルール）。
これは恐るべき思想である。なぜなら、たったこれだけのことで「人はいかに生きるべきか」という人類の根源的な問いが、もののみごとに解決してしまうからだ。すなわち、
人々が自由に生きればすべての人が幸福になる。

すべての人を幸福にする行為は道徳的である。

したがって、自由に生きることは道徳的である。

人生ってなんて簡単なんだろう！

ではなぜ、この理想社会が実現しないのか。それは、市場の機能を制限するあまりに多

くのルールが国家によって課せられているからだとリバタリアンは考える。そこから、国家を極限まで縮小すべきだ（最小国家論）とか、国家そのものをなくしてしまえ（無政府資本主義）とかの主張が生まれるのだ。

一見、荒唐無稽に見えるとしても、リバタリアンの思想に意外な説得力がある理由がわかっていただけただろうか？

功利主義と原理主義

では次に、リバタリアニズムの思想をもうすこし具体的に見ていこう。そこには、一般に**「功利《こうり》主義と原理主義の対立」**と呼ばれる問題がある。ここは本書を理解するうえでも大事なポイントなので、説明してみたい。

功利主義というのは、言うならば「結果オーライ」の思想である。功利主義者は、「なにがほんとうに正しいかなんてわからない」という立場（不可知論）をとる。でも、人間が生きていくためには、なにが正しくてなにが間違っているかの判断が必要になるので、「いろいろやってみて、うまくいったものが〝正しい〟」と決めてしまうのだ（これを「帰結主義」とか、「プラグマティズム」とかいう）。

経済学というのは、この功利主義ときわめて相性がいい。正しいかどうかを損得（効用）で判断できるからだ。正しい経済政策とは、社会にもっとも大きな効用（＝富）をもたらす政策なのである。

それに対して原理主義者は、なんらかの価値の源泉があらかじめ存在すると考える。リバタリアンの場合、この価値（自然権）は「自由」であり、リベラリストなら「（自由を含む）人権」となるだろう。リバタリアンが古典的自由主義経済学者と、リベラリストがケインズ派経済学者と手を携《たずさ》えるのは、彼らが自分たちの奉《ほう》ずる価値を補強するかぎりにおいてなのだ。その主張がどれほど似ていたとしても、原理主義者と功利主義者のあいだには思いのほか深い溝《みぞ》がある。

＊原理主義と功利主義のちがいは、「自然権」と「自然法」によって説明することもできる。原理主義者は、すべての人間には天賦《てんぷ》の権利（自己所有権、人権）が備わっていると考え、その自然権から自然法が成立する。自然権は自由な個人間の社会契約によって成立すると考えるから、彼らは「契約論者」でもある。一方功利主義者は、自由な社会（市場）のなかで、言葉や貨幣などの交換を通して自然に（自生的に）秩序が生まれ、それが自然法になると考える。この場合自然権は、自然法によって事後的に定められた権利である。

リバタリアンであれ、リベラリストであれ、〝原理主義的〟自由主義の特徴は、（キリスト教原理主義やイスラム教原理主義と同様に）いっさいの妥協《だきょう》を許さないことである。日

功利主義と原理主義

小さな政府（無政府主義）	大きな政府（福祉国家）	
古典的自由主義（レッセ・フェール）	ケインズ派（市場介入主義）	功利主義
リバタリアン（自由原理主義者）	リベラリスト（人権原理主義）	原理主義

本では反核・反戦を唱えるリベラルな市民団体にしばしば狂信的なかたくなさが見られるが、原理主義的リバタリアンもこうした傾向から無縁ではない。アメリカにおいて、リバタリアンがカルト宗教の類と同一視されるのも、理由がないわけではない。

　その一方で功利主義者には、生命の重さを計量するような冷酷《れいこく》さがつきまとう。たとえば、ホームレスから臓器を摘出してより有用な人（たとえば難病の治療薬を開発中の生化学者）に移植するのは、功利主義的にはどこも間違っていないのだ。

　こうした残酷さを拒否するならば、なんらかの「原理」から善悪を判断するほかはない。だが世界はあまりにも複雑なので、どのような「原理」も必ず自己矛盾《むじゅん》をきたしてしまう。現代の政治思想が抱える問題とは、ようするにこういうことなのだ（たぶん）。

言論の自由とプライバシー

著者のブロック教授は典型的な自由原理主義者であり、本書においても人権原理主義者（リベラル派）をなで斬《ぎ》りにしながら、どっちつかずの功利主義的リバタリアン（古典的自由主義者）を批判するという二面作戦を強《し》いられている（前ページ参照）。そのあたりの事情を、本書のなかでもっとも論議を呼ぶであろう「言論の自由」について見てみよう。

驚くべきことに、原理主義的リバタリアンは、いっさいのプライバシー権を認めない。

あなたについての私の「意見」は私の頭のなかにある。

あなたには、私の脳味噌に干渉する権利はない。

私が自分の思想信条を表明する権利は、言論の自由によって守られている。

すなわち、私があなたについてなにを言おうが（たとえそれが真実でなくても）私の自由である——という話になる。

だがこれでは、虚偽《きょぎ》の情報や根拠のない誹謗中傷《ひぼうちゅうしょう》やありとあらゆる妄想《もうそう》の類をインターネット上に書き散らしても「言論の自由」、ということになってしまう。社会の大多数は、このような行為を容認しないだろう。もちろん著者もそのことはわかっているのだが、「原理主義」である以上、ここで譲歩するわけにはいかないのだ。

その一方でリベラル派は、言論の自由とともに、プライバシー権も人権の重要な一部と考える。だがこの立場は、二つの相容《あいい》れない権利の調整という別の困難を抱え込むことになる。「人権」が至高の権利ならば、それを制限したり計量したりするのは自己矛盾である。そのためリベラル派は、あるときは言論の自由を擁護し、別の場面ではプライバシー権を声高に叫ぶという場当たり的な対応に終始することになる。そのようなことが起きるのはもともと「人権」という概念が間違っているからだと、リバタリアンは批判するだろう。

このような「原理主義のジレンマ」に対して、功利主義は一見うまく対処できるように思える。彼らは絶対的な権利など想定せず、「言論の自由」と「プライバシー権」の矛盾も、二つの権利を調整し、社会的な富＝効用がもっとも大きくなるようにルールを決めることで解決可能だと主張するからだ。

しかし原理主義者は、この功利主義的な論理を認めるわけにはいかない。その理由は、すこし考えてみればわかる。

インターネット上の匿名《とくめい》掲示板に、ある企業の新製品を欠陥商品だと告発する投稿があったとする。この投稿を削除すべきかどうかを功利主義的に判断することは、理屈のうえでは可能である。投稿内容が虚偽（たとえばライバル企業の嫌がらせ）であれば、新製品の売れ行きが落ちることで発売元の利益が減るのだから削除すべきである。逆に投稿内容が真実であれば、欠陥商品であることを知らずに購入する消費者は損害を被《こうむ》るから、広く世に知らしめるべきであろう。だれもが納得する理屈だが、ここにひとつ問題がある。削除の判断をするプロバイダは、その告発が真実であるかどうかを知らないのだ。

発売したばかりの自社製品を批判された企業は、当然、すみやかにその投稿を削除するようプロバイダに求めるであろう。その要求を拒否し、企業の要求が正当であった場合（投稿内容がデタラメであった場合）、プロバイダは多額の損害賠償を請求される恐れがある。そうなるとプロバイダは、自らの功利主義的な判断によって、クレームを受けた投稿を真偽にかかわらず片っ端から削除するにちがいない。このように功利主義的なルールのもとでは、言論の自由は死に絶えてしまうのだ。

こうした事態を避けるためには、「虚偽の告発も言論の自由である」とするか、少なくともプロバイダ（ないしは掲示板運営者）を免責するほかない。だがこれは、大規模な名誉毀損《きそん》とプライバシーの侵害を引き起こす可能性が高い。

私はプライバシー権や著作権（知的財産権）を支持しているが、それでも「人が自由に生きるには〝言論の自由を守る〟と腹をくくるしかない」との著者の主張に、十分な理由があることを認めざるをえない。

リバタリアニズムvs.保守主義

最近では、文化とか伝統とかを重視する人たちを「コミュニタリアン」と呼ぶようになった。彼らはリバタリアンを（もちろん人権原理主義のリベラリストも）不倶戴天《ふぐたいてん》の敵のように罵《ののし》っているが、その理由は近代主義的なのっぺりとしたイデオロギー（自由はすばらしい！）によって何千年もの歴史に裏打ちされた人類の叡智《えいち》（文化・伝統）が根こそぎ破壊されてしまうからだという。だがリバタリアンは、彼ら伝統主義者の存在を否定するわけではない。伝統的な生活を送るのも、その人の自由な人生だからだ。

アメリカのような多民族社会において、それぞれの民族（ヨーロッパ系、アフリカ系、ヒスパニック系、中国系など）の文化や伝統を尊重しようというコミュニタリアンの一派を「文化多元主義」と呼ぶ。リバタリアンは、コミュニティのメンバーが自由に脱退できるという条件さえ満たされれば、文化多元主義者の主張を全面的に支持するだろう。

それに対して、一般に「保守主義」と呼ばれるコミュニタリアンは、「その地域にもっともふさわしい文化・伝統が優先して尊重されるべきだ」との主張を展開する。アメリカではそれはキリスト教とギリシア・ローマ以来の西欧文化の伝統であり、日本では縄文・弥生以来の「やまと」の国の伝統であり、アラブ諸国ではイスラムの伝統になるだろう。

彼ら保守主義者の特徴は、たまたまその国（地域）に生まれたというだけで、「本人の意思にかかわらず文化や伝統を守るべきだ」と考えることだ。そしてこれは、リバタリアンの理念と真っ向から対立する（もちろん、リベラリストの理念とも対立する）。

このあたりの事情は、アメリカを二分する中絶論争を見るとよくわかる。聖書を神の言葉と見なす保守派（キリスト教原理主義者）にとって、中絶は殺人と同じ許されざる罪である。そのためキリスト教右翼の過激派は、中絶を行う産婦人科医院を爆破したり、中絶医師を襲撃するなどのテロをも辞さない。

それに対してリベラル派は女性の人権（自己決定権）をかざして対抗するが、リバタリアンもまた自己所有権を理由に中絶に賛成する。すなわち女性の身体は女性のものであり、胎児が女性の身体に所属する以上、それは女性の所有物であり、自分の所有物をどのように処分しようが本人の自由なのである。この自己所有権（奴隷にならない権利）は近代的自由にとって神聖不可侵のものであるから、この問題ではリバタリアンはリベラリストの側につき、保守派に妥協することはない。

＊もっとも、ハイエクのような「保守的な自由主義者」は存在する。彼らは、人が合理的に行動するうえで伝統は必要不可欠であると考える。人生のあらゆる選択の機会において（朝食になにを食べるか、とか）経済的な損得（効用）をそのつど計算するのは非現実的である。人々が日常生活を伝統的な方法で行うのは、たいていの場合、それが長年の経験と試行錯誤から導

かれたもっとも合理的な選択だからである。

このように、保守派（自由は伝統に従属すべきだ）とリバタリアン（伝統は自由を制限することはできない）の対立は原理的なものなので、論争によって決着がつくわけではない。だが先に述べたように、近代における「自由」の価値は圧倒的で、「伝統」がそれに取って代われるわけではない（中世の伝統社会に戻りたいとはだれも思わない）ので、保守派は常に終わりなき撤退戦を強いられている。日本でもアメリカでも保守派の声が大きくなるのは、そうしなければ自分たちの主張が人々の耳に届かなくなるからだ。放っておけば、人は「自由」の価値に引き寄せられていく。過激なイスラム原理主義者ですら、「自由のために」たたかっているのである。

リバタリアン vs. リベラリスト

それに対してリバタリアンとリベラリストの近親憎悪はより根深いものがある。その構図を思い切って簡略化するならば、両者はアダム・スミスの「**見えざる手**」の評価をめぐって争っている。

もしも「見えざる手」が「神の手」ならば、人知を超えた神の意志（市場原理）に人間が介入するのは冒瀆《ぼうとく》でしかない。それに対して「見えざる手」が欠陥だらけならば、市場の失敗を人間が修正して、より幸福な社会になるよう導く必要が生まれる。ここに自由放任主義（レッセ・フェール）と市場管理主義の対立が生まれる。リバタリアニズムとリベラリズムの争いは、政治的対立という以上に経済的な論争なのだ。

リバタリアン的な経済政策は今日、「市場原理主義」あるいは「グローバリズム」と呼ばれている。それとリベラルな経済政策のちがいを、アフリカの貧困問題に例をとって考えてみよう。

アイルランドのロックバンドU2のボーカリスト、ボノはアフリカ救済の熱心な活動家で、ローマ教皇やクリントン米大統領らを説得して最貧国の対外債務を免除する「ジュビリー二〇〇〇プログラム」を立ち上げ、エイズ治療薬をアフリカの患者に安価に提供する運動をサポートし、アフリカ支援を主要議題に据《す》えた二〇〇五年サミットに合わせ、大物スターが参加する無料コンサート「ライブ8」を世界八都市で同時開催した。

ボノがアフリカ救済に必死になるのには理由がある。飢餓《きが》とエイズ禍《か》のためにアフリカの平均寿命は四十歳以下まで落ち込んでおり、一日一ドル（一〇〇円）以下で生活する絶対貧困層の数は三億人を超えている。そのうえこの状況は、年々悪化しているのである。

古典的自由主義派の著名な経済学者であるロバート・バローは一九九九年と二〇〇一年の二回、アフリカ支援についてボノと話し合った。とくに二回めはボストンで行われたすばらしいコンサートの直後で、バローは二十六歳になるロックファンの娘とともに、ホテルのスイートルームにボノを訪ねていく（ロバート・J・バロー『バロー教授の経済学でここまでできる！』）。そのやりとりをバローは具体的には書いていないが、このカリスマ的なロックスターに経済学者は次のように言ったと思われる。

「ボノ、君の音楽はすばらしいけれど、君の経済学は間違っているよ」

アフリカの貧困という破滅的な事態に対して、ボノのようなリベラルな活動家は、国家の介入によって問題を解決すべきだと考える。最貧国に莫大な援助を行い、対外債務が膨《ふく》らんで返済不能になればそれを免除し、製薬会社に命じてエイズ治療薬を安価に販売させ、サミットでアフリカ支援を話し合う（最近では、世界の貧しさを克服する意思表示として、手首に白いバンドを巻く運動が広がっているという）。どれもすばらしいことだが、ひとつだけ問題がある。最貧国への経済援助はすでに何十年もつづけられてきたが、ほとんどなんの効果もなかったのだ。

それに対してリバタリアン派の経済学者は、アフリカの貧困は国家によって引き起こされたのだから、国家がそれを解決することは不可能だと考える。貧困を解消する可能性は市場にしかないが、先進国の援助がその市場を徹底的に破壊してしまったからだ。

ケニアのエコノミスト、ジェームズ・シクワチは、ドイツ『シュピーゲル』誌のインタビューで〝アフリカ救援〟サミットについて問われ、次のように語っている。

「お願いだから、もうこれ以上、援助しないでください」

シクワチによれば、たとえばケニアの一部で旱魃《かんばつ》が発生すると、政府は大声で全世界に危機を告げる。その声は国連世界食糧計画に届き、やがて大量のトウモロコシが送られてくる。その援助物資は被災地には届かず、一部は政治家の選挙区に配られ、残りは闇市で叩《たた》き売られる。ただ同然の農産物が大量に流入することで、現地の農業は競争力を失って壊滅してしまう。

同様のことは、たとえば善意溢《あふ》れるドイツの人々がアフリカに送る古着についても言える。援助物資として送られたドイツの中古ブランド品を闇市に買いに来るのはドイツ人で、彼らはそれをインターネットオークションでドイツの消費者に高値で転売するのだ。この馬鹿げた「援助」の影響で、ただでさえ貧弱なアフリカ諸国の軽工業は甚大《じんだい》なダメージを受けている。

シクワチによれば、エイズすらもアフリカ諸国の「援助ビジネス」の道具にされている。為政者たちは、〝被害〟が大きければ大きいほど多額の金が送られてくることを知っており、患者数を数倍に水増しして「公式患者数」として発表しているのだ。

このようなことが四十年もつづいた挙げ句、アフリカ人は自分たちの仕事を「乞食《こじき》」だと思うようになってしまったと、シクワチは言う。そこで彼は、〝善意〟溢れる先進国の人々に懇願する。

「私たちに必要なのは援助ではなく、健全な市場経済なのです。私たちを、自分の足で立たせてください」

＊こうした事態は、三十年も前にブロック教授が本書で指摘している（「慈善団体に寄付しない冷血漢」）。インドが経済大国へと離陸しつつあるのは過去の援助の効果ではなく、冷戦の崩壊と中国の経済的躍進によって、この十数年で市場経済へと大きく舵《かじ》を切ったからである。それ以前の莫大な援助はなんの役にも立たず、いたずらに貧困を悪化させただけであった。

ところで、ボノの善意に満ちた運動がアフリカの市場経済を破壊し、人々を「乞食」に貶《おとし》めているのならば、われわれはいっさいの援助をやめ、ただ傍観しているだけでいいのだろうか。

じつはリバタリアンは、世界の貧困を劇的に改善する方法を示すことができる。それは、すべての先進国が移民規制を撤廃することだ。それによって、アフリカの貧しい人々は大挙してヨーロッパ諸国に出稼ぎに行き、故郷に金を送金するようになるだろう。同様に、中南米の貧しい人々はアメリカへ、中国の貧しい人々は日本へ押し寄せ、彼らの所得は飛躍的に増えるはずだ。

私たち日本人を含め、先進国の国民は、たまたま豊かな国に生まれたというだけでとてつもない既得権を享受している。そしてこの既得権を守るために、厳しい移民規制によって貧しい国の人々を貧しいままに閉じ込めている。だが、すべての人が自由に生きる権利を持っているならば、国籍にかかわらず、だれもが好きな場所に暮らし、平等な条件ではたらくことができるべきではないだろうか。

もっとも、この経済的に正しい処方箋《せん》は、ドラッグや売春の自由化以上に政治的な困難をはらんでいる。民主的な政治制度では、国民の既得権を奪うような政策は原理的に不可能なのだ。先進国の政治家はだれよりもそのことを承知しているので、犯罪者を閉じ込めるのに看守を雇うように、難民予備軍を抱える国の腐敗した政治家にせっせと金を送っているのである。

日本がリバタリアン国家になったら……

厚生労働省の特殊法人である雇用・能力開発機構は、一〇億円以上を投じて建設したリゾート施設を一〇万円で売却するなど、〝勤労者の福祉〟を目的に全国に建設した宿泊施設・体育館など全二千七十施設の大半を二束三文で売り払っているが、破格の好条件の背後で全職員の再雇用を地元自治体に要求していた。「労働者の雇用を守るべき公的機関がリストラを実施するわけにはいかない」からだという。

大阪市では長年、市職員の協力を得るためのヤミ給与、カラ残業、ヤミ年金が常態化し、バス運転手の給与が年収一四〇〇万円を超え、社会問題になったスーツ無料支給ばかりか、長期勤続や結婚記念日、子どもの誕生記念など冠婚葬祭のたびに旅行券・図書券・観劇スポーツ観戦券、祝い金・弔慰金が贈られていた。そのうえ職員互助組合は交付金で豪華な福利厚生施設を建設し、それを市に寄付して固定資産税を逃れてもいた。ところが市職員やOBは、ヤミ給与・ヤミ年金、各種福利厚生の廃止に対して「すでに全額受給した人と比べて不公平」と猛反発しているという。

バブル崩壊とその後の長い不況を経て、〝役人天国〟日本でもようやく公務員の実態が白日の下にさらされるようになったが、それでも人々はまだ「ありうべき公僕《こうぼく》」を求めている。よき公務員の条件とは、すぐれた能力と自己犠牲の精神によって国家の発展と国民の幸福のために献身することだ、と。一部の堕落した役人を矯正すれば、いずれは福祉の向上に邁進《まいしん》する真の公務員に生まれ変わるにちがいない――。

しかしリバタリアンは、こうした牧歌的な偶像を完膚《かんぷ》なきまでに破壊する。彼らは市民から問答無用で税金を取り立て、公金を横領し、利権を漁《あさ》り、いったん手にした既得権を絶対に手放そうとはしない。すなわち、**公務員は市民社会の敵**なのだ。

本書を翻訳しながら、「日本がリバタリアン国家になったらどうなるか」を何度となく想像してみた。そこで最後に、私なりの〝ありうべき日本の姿〟を紹介しておきたい。他人の本の解説で勝手なことを書くのは気がひけるが、一人ひとりがリバタリアンな未来を語ることからしか「改革」ははじまらないのだから、ブロック教授も私のささやかなわがままを許してくれるにちがいない。

〝リバタリアン日本〟では、少なくとも政府の役割は、以下のレベルまで縮小されているはずだ。

郵政民営化で唱えられた「民間にできることは民間に」を徹底するならば、すべての教育機関は真っ先に民営化できる。当然、文部科学省は廃止されるだろう。教科書検定もなくなるから、中国や韓国との「教科書問題」も存在しなくなる。

教育機関よりもっと簡単に民営化できるのが、国営の雇用事業（ハローワーク）だ。この分野ではすでに民間企業がシェアの大半を占めており、国家が同じサービスを提供しなければならない理由はどこにもない。本書で指摘されているように、労働基準法や雇用機会均等法などの労働関連の法律は百害あって一利なしなので、労働災害保険（これも当然、民営化可能）や労働基準監督署とともにすべて廃止してしまう。これで、厚生労働省の旧労働省部門はすべてなくなるだろう。

小さな政府においては、国家は原則として市場に干渉しないのだから、個々の産業を保護したり、育成したりする必要もない（こうした産業政策は逆に市場を歪《ゆが》める）。その意味で、農林水産省と経済産業省にはそもそも存在意義がない。彼らはこれまでも、国民から取り上げた税金を無駄にばら撒《ま》いただけで、なんの役にも立っていなかった。

道路公団の民営化はもちろん、河川や交通網の維持管理も民間企業に委託することが可能なので、国土交通省はごく一部を除いて不要になる。小さな政府には公共事業が存在しないから、談合も政治家の汚職もなくなるだろう（みんなが談合を批判するが、公共事業があるかぎり談合以外の方法で工事を分配することはできない）。郵政事業と同様に通信事業の規制も撤廃すれば、総務省の旧郵政省部門は必要なくなる。国が地方自治に関与する理由はなく、地方交付税も廃止されるから、同省の旧自治省部門も自然消滅するだろう（地方自治体は道州制のようなより大きな単位に統合され、国家から自立した運営を行うようになる）。

では次に、一見、民営化の難しそうな省庁について考えてみよう。

厚生労働省の旧厚生省部門であるが、国公立の医療機関を民間企業に売却するのは当然として、年金の民営化によって年金局と社会保険事務所が廃止できる。医薬品などの審査は国民の安全を守るために必要だが、考えてみれば国籍や人種によって薬剤の効果が異なるわけでもないので、審査機能を国際的な専門家組織に委託することが可能だ（会計士の世界組織である国際会計基準審議会が世界共通の会計基準を作成しているように）。

医療保険と介護保険も廃止し、医療産業は完全に民営化され、人々は民間保険会社の医療保険に加入し、好きな病院で自ら選択した治療を受けるようになる。ただし医療機関は一般のサービス業とは異なって、患者に支払い能力がないからといって治療を拒否するわけにはいかないので、一定のセーフティネットは必要になるだろう（それを国家が提供するかどうかは別として）。

外務省は民営化とはもっとも遠い存在のようだが、その仕事の半分は政治家等の海外渡航のアテンドであり、これはJTBやHISなどの旅行代理店に委託できる。「小さな政府」は外国からの移民を制限しないから、ビザの発給業務は原則として不要だ。調査業務というのはCNNなどのテレビを観てレポートを送る仕事のようだが、これなら大学生のアルバイトで十分だ（もしそれが必要ならば）。他国の重要機密にアクセスしたいのであれば、自分たちで調べるよりCIAから購入したほうがずっと効率がいい。

残るのは外交交渉だが、小さな政府はいっさいの貿易規制を撤廃しているので交渉すべき事項はそれほど多くない。安全保障にかかわるような重要な外交問題は首相官邸の役割だ。どうしても大使館が必要だというのなら、旅行代理店の海外支店の一室を間借りすればいいだろう。

法務省および裁判制度を完全に民営化することは難しそうだが、民事裁判はかなりの程度まで民間組織が代替できる。これは実際にアメリカで広く行われているが、企業同士が契約を結ぶ際に、トラブルが起きた場合の調停機関（中立的な弁護士事務所）をあらかじめ決めておき、両者ともにその裁定に従うことを約束する。面倒な民事裁判を避けて早期に和解することができるので、双方にとって好都合なのだ。民間の調停機関が常に公平な判断を行うとはかぎらないが、特定の顧客に便宜《べんぎ》を図《はか》るような業者は次回から指名されなくなり、市場からの退出を余儀《よぎ》なくされるだろう。ただし刑事裁判や、民事でも損害賠償請求の取り立てなどでは、なんらかの強制力が必要になるので、国家が関与する余地は残るかもしれない。

警察庁も完全民営化が難しい組織のひとつだ。しかしその機能のうち、交通取り締まりや地域の治安維持にかかわる仕事は民間警備会社で代行できる。その場合は町内会のような地域コミュニティ（ないしはマンションの管理組合）が住人から費用を徴収して個別に警備会社と契約することになる。警察は独占事業だが、民間警備会社は消費者に選ばれるべく、安価に高品質のサービスを提供するよう努力するだろう。ただし犯罪捜査に関しては、それが個人（容疑者）の権利を不可避的に侵害するものである以上、民間企業（探偵事務所）が行うのは当面は難しいだろう。

防衛庁と自衛隊は、その性質上、民営化にもっとも馴染《なじ》まない分野だ。イラクなどの準戦闘地域で活動する国際警備会社（傭兵《ようへい》のようなもの）に業務委託することも考えられるが、これはさすがに無理がある。それよりむしろ、駐留米軍に全面的に防衛業務を〝アウトソーシング〟するほうが現実的かもしれない。

最後に財務省・日銀と環境省だが、前者は案に相違して解体可能である。

たとえ小さな政府でも、国家を運営するには租税収入が必要だ。所得税としてそれを徴収しようとすると、必然的に、徴税機関によるプライバシーの全面的な侵害を引き起こす。これが一人いくらの人頭税《じんとうぜい》（日本では住民税の均等割りがこれにあたる）であれば、各自治体が住民票に基づいて徴収すればいいだけだから、国税庁と主税局は不要になる。財源に消費税を加えても、消費税の預かり金を法人から回収するだけなので、徴税業務はずっとシンプルになるだろう。また小さな政府では、予算の穴埋めをするために国債を発行する必要がないので、理財局にはなんの仕事もない。予算案の作成は必要だが、これは主計局ではなく首相官邸の役割だろう。ということで、「役所のなかの役所」と言われた財務省は、じつは世の中に存在しなくてもだれも困らないのだ。

中央銀行としての日銀が必要になるのは、日本円という通貨を発行するからだ。ハイエクは国家による通貨の独占発行を批判し、複数の民間金融機関が独自の通貨を発行し信用力を競う自由な市場制度を構想したが、その実現が難しいのであれば、香港《ホンコン》のように基軸通貨である米ドルと日本円を固定し金融政策を放棄するか、通貨そのものを米ドルに統合することで中央銀行を廃止できる。少なくとも私には、これでどんな不都合があるのか想像できない。

それに対して環境省というのは、原理的に民営化不可能な役所である。なぜならその役割は、「一人ひとりの無限の欲望を駆動力とする資本主義では、地球というかぎりある資源を未来の世代に残すことができない」という認識から生じているからだ。もしこの前提が正しく、なおかつ人知によって「市場の過《あやま》ち」を正すことができるのなら、環境省は必要不可欠であろう。もしそうでないのなら、もともとなんの用もない役所だったのである。

小さな政府によって整理統合されるのは中央官庁だけではない。官公庁にぶら下がっている特殊法人や政府系機関の類が全廃されるのは当然のこととして、その影響は地方自治体にも及ぶ。

地方交付税が廃止されれば、各自治体は独自に住民税を徴収して行政サービスを提供することになる。同じ行政機関であっても、地方自治体は国家とちがって住民の移動がきわめて容易だ。したがってそこには、市場競争のはたらく余地がある。税金が高くサービスの悪い自治体からは住民が逃げ出し、税収不足に陥《おちい》った自治体は大規模なリストラを敢行するか、ほかの自治体に吸収合併されることになるだろう。国の関与をなくしただけで、自治体経営は消費者（住民）の自由な選択によって健全化するのである。

このように小さな政府のもとでは、市場圧力によって自治体は統合され、地方公務員や地方議員の数は減少していく。それと同時に、国会も参議院（なんのために存在するのかさっぱりわからない）を廃止し、衆議院の比例代表をやめ、現在の小選挙区を倍程度に拡大して百五十議席程度にする（もっと少なくてもいい）。国家の役割はきわめて限定されているので、国会には決めるべきことはあまりなく、会期は大幅に短縮されるだろう。地方交付税も公共事業も存在しないので、国会議員による地元への利益誘導もない。

国家の機能をここまで縮小してしまうと、当然、公務員数は激減する。だがそれによって失業率が上昇するというのは杞憂《きゆう》である。国家のくびきから解き放たれた「公的」サービスは、自由な市場のなかで爆発的な成長をはじめ、職を失った公務員を補って余りある雇用が発生するだろう。公的部門に残るのは市場競争に馴染まない仕事だけなので、身体障害者や精神障害者（彼らは市場競争においてハンディキャップを負《お》っている）を優先的に雇用することで福祉を劇的に改善することも可能になる。

〝リバタリアン日本〟は、荒唐無稽なSFの世界ではなく、実現可能な未来である。日本国は民主制国家であるから、有権者の大半がこうした理想を共有するならば、国会における正当な手続きを経て「小さな政府」は成立するだろう（理屈のうえでは国家の廃棄すら可能である）。

ユートピアの蜃気楼

ではなぜ、人々は「リバタリアン国家」を求めるのだろうか。

日本を含め、先進諸国はどこも「大きな政府」を持て余しはじめている（北欧諸国を福祉国家の成功例とするのは適切ではない。人口が少なく、国民のほとんどが一部の地域に集中し、天然資源に恵まれたスウェーデンやノルウェーは、どちらかというとアラブ産油国に近い）。公的年金制度の破綻《はたん》や医療保険（介護保険）の際限ない膨張によって国と地方を合わせた借金は一〇〇〇兆円を超え、歳入（国と地方の総収入）が歳出（支出）の半分に満たない異常事態がつづき、国家予算の五分の一、約二〇兆円が国債の償還（借金の返済）と利払いに消えていく。世代間の不平等は今後ますます拡大し、国家による福祉制度は構造的に崩壊する運命にある。これは**「運命」**なので、それがいつかは別として（日本は金持ちなのでけっこうがんばるかもしれない）、避けることができない。ようするに、私たちに残された選択肢はそれほど多くはないのだ。

はじめてリバタリアンの思想に触れたとき、正直、「なんて古くさいんだろう」と思った。一見して明らかなように、リバタリアニズムは（リベラリズムと同様に）近代的な主体、すなわち自由な個人に基礎をおいているが、それは一九八〇年代に隆盛を迎えたポストモダニズムの思想によって徹底的に批判されていたからだ。

私はいまでも、「私」が社会的関係性の結節点にすぎず、「人間」は歴史的な創造物であると考えているのだが、その一方で、私たちの社会が幻想によって支えられていることも理解するようになった。紙幣は実体としてはただの紙切れにすぎないが、その一片の紙切れに、券面に印刷された数字と同じ価値が内在しているという**共同幻想**に依存しなければ、私たちが一日として生きていけないように。

近代的な主体の虚構性を抉《えぐ》り出すポストモダニズムの根源的な批判は魅力的だが、社会の変革にはなんの役にも立たず、いつしか無意味な言葉遊びに堕《だ》していった。それに対してフランス革命とアメリカ独立宣言を出自に持つ古色蒼然《こしょくそうぜん》たるリバタリアニズムは、二〇〇年の時を経てもなお「改革」のヴィジョンを示すことができる。超近代《ポストモダン》はいつまで待っても訪れず、私たちはいまだに近代の枠組みのなかで生きており、それを「超えて」いくことはできないのだ。

リバタリアニズムの本質は、「自由な個人」という近代の虚構（というかウソ）を徹底する過激さにある。その無謀な試みの先に、国家なき世界という無政府資本主義（アナルコ・キャピタリズム）のユートピアが蜃気楼《しんきろう》のように浮かぶとき、人はそれを「希望」と呼ぶのかもしれない。

勘違いを治す「よく効く劇薬」

フリードリッヒ・フォン・ハイエク
（経済学者。思想家。一九七四年ノーベル経済学賞受賞）

かれこれ五十年以上もむかしのことになるだろうか。故ルートヴィヒ・フォン・ミーゼス（オーストリアの経済学者）の著作から受けた衝撃が、わたしを断固たる自由市場主義者に転向させたのだが、本書を読みながらそのときの「**ショック療法**」をありありと思い出した。

まず最初に、「こんなことはとうてい信じられない！」と反発する。次いで、「いくらなんでもぶっ飛びすぎだろう」と思う。そして最後には、「まいったな。あんたが正しいよ」と納得するのだ。

あなたはもしかしたら、本書を**劇薬**だと嫌うかもしれない。だが残念なことに、**この劇薬はじつによく効く**のだ。

経済をほんとうに理解するためには、身のまわりにあるさまざまな偏見や幻想から自由でなければならない。経済学者を名乗る者たちもまた、特定の職業に携《たずさ》わる人々への根拠のない偏見を撒《ま》き散らしてきた。

ステレオタイプな批判にだまされてはいけない。だれからも擁護《ようご》されることのないあなたたちが、本物のサービスを提供している。

もっとも、だからといってみんなから好かれるというわけにはいかないだろうが。

まえがき　不道徳はヒーローだ！

ウォルター・ブロック

本書に登場する人たちは総じて「**不道徳な人たち**」と見なされており、彼らが果たす役割は有害だと考えられている。さらにはこうした不逞《ふてい》の輩《やから》を生み出したとして、社会そのものが批判されることもよくある。それを素朴に信じている人には申し訳ないのだが、本書の趣旨は以下のような主張を展開することにある。

①「不道徳な人」は暴力をともなう悪事をはたらいているわけではない。
②実質的にすべてのケースにおいて、「不道徳な人」は社会に利益をもたらしている。
③もし「不道徳な人」の行為を禁じるならば、わたしたち自身が損失を被《こうむ》ってしまう。

この本のエンジンにあたるものは**リバタリアニズム**（自由原理主義）である。この哲学の基本は、「**だれの権利も侵害していない者に対する権利の侵害は正当化できない**」ということだ。ここで言う権利の侵害とは、決めつけや一方的論難ではなく、足を引っ張ったり挑発したりすることでもなく、言いがかりをつけたり敵対的な態度をとることでもない。権利の侵害とは、平たく言えば暴力の行使である。殺人やレイプ、強盗や誘拐などのように。

リバタリアニズムは平和主義ではない。正当防衛はもちろんのこと、暴力に対する報復を暴力をもってして行うことも禁じてはいないのだから。リバタリアンの思想は「人をいきなり殴りつけること（これを「原初の暴力」と呼ぼう）」のみを、すなわち非暴力的な人物もしくはその財産に対する暴力の行使のみを強く批判するのである。

あなたにしても、この見解にはなんの不都合もなければ、異論もないだろう。そればかりか、全面的な支持を表明してくれるかもしれない。実際のところ、正義についてのこの感覚は西洋文明をかたちづくる本質の一部であり、さまざまな法や憲法、自然法に刻まれているのだから。

ということで、リバタリアニズムの特徴はその原理原則にあるのではない。その際立った特質は、だれもが賛同するであろう原則を、世の中のありとあらゆる場面に適用させようとする厳格な首尾一貫性、というか**偏執《へんしつ》的なまでの頑固《がんこ》一徹《いってつ》さ**にある。一例を挙げるならば、ほとんどの人はこの原則と国家による税金の徴収とが矛盾《むじゅん》していると思わないであろうが、リバタリアンはちがう。

徴税は、リバタリアンの原則に明らかに反している。税金の支払いを拒否する人は、だれかの権利を暴力的に侵害しているわけではない。**徴税とは、善良な市民に対する、国家による暴力的な権利の侵害**にほかならない。

払った税金の見返りとして国家がモノやサービスを提供しているとしても、この結論はすこしも変わらない。大事なのは、ここで言う「取引」（国家によるサービスと税金の交換）が**強制**されているということである。わたしたちは、この申し出を断る自由を持ってはいない。

たとえ市民の大半が強制的な徴税を支持しているとしても、結論にいささかのちがいもない。原初的な権利の侵害は、仮に大多数の人々によって承認されたとしても、正当化することはできない。リバタリアニズムは、それがいかなるものであれ、あらゆる権利の侵害を厳しく批判するのである。

これ以外にリバタリアンと社会のその他の構成員の信念が異なるのは、「いきなり殴りつけるのは悪である」という原則をめぐってであろう。リバタリアンは、政治的な議論に際して、「**原初の暴力をともなわないすべての行為は悪ではない**」との立場をとっている。もしもある行為が原初の暴力でないならば、それは罰すべき悪ではなく、非合法化すべきでもない。これが、わたしの議論の第一のポイントである。本書に登場する「不道徳な人たち」は、この定義にはまったくあてはまらない。なぜなら彼らは、だれかをいきなり殴りつけたわけではないからだ。

これから紹介する「(見せかけの) 不道徳人カタログ」の登場人物たちが、だれ一人として強制力をともなった悪行をはたらいているわけではないことがわかれば、第二のポイントを理解するのは難しくない。すなわち、「この不道徳な人たち全員が、実質的に、社会の残りの人々に利益をもたらす役割を担《にな》っている」のだ。

彼らは他人の権利を侵害する者ではない。だれかに無理強《じ》いしてなにかをさせるわけでもない。仮に社会のほかの構成員が彼らとなんらかの取引を行うのであれば、この取引は自発的なものである。人々は、なにがしかの利益が得られると感じるからこそ、こうした取引に積極的にかかわる。あなたが好きで「不道徳な人たち」と取引するのなら、あなたはその取引によって自分が望むなにかを得ているにちがいない。「不道徳な人たち」は、利益をもたらしてくれるのである。

三つめの前提は、二番めの話から必然的に導き出される。わたしたちが好きで行う取引がすべての人に恩恵をもたらすのなら、そのような自発的な取引の禁止はすべての人に有害であるにちがいない。

これは、彼らとつきあう気のない人にとっても他人事《ひとごと》ではない。「不道徳な人たち」の行為を禁止することは、潜在的な取引相手だけでなく、それ以外の人々に対しても深刻な害をもたらすのだ。

その格好の例として、麻薬《ドラッグ》の禁止を挙げておこう。法によって麻薬を禁止することは、当然のことながらヤクの売人と顧客（ヤク中）の利益を損《そこ》ねる。だがそればかりでなく、麻薬禁止は犯罪発生率を高め、警察官本来の仕事を邪魔し、刑務所はヤク中で溢《あふ》れ、法と秩序を崩壊させる大きな原因になっている。

この「まえがき」においてわたしがいちばん強調したいこと——それはわたしの立場の中核でもある——は、人をいきなり殴りつけることと、暴力的な権利の侵害をともなわない行為（それはときにわたしたちをものすごく不愉快にさせるかもしれない）には決定的なちがいがあるということである。原初の暴力をともなう行為のみが、人々の権利を侵害する。したがって、こうした暴力を抑制することが、社会を支える基本的な法の役割になるはずだ。

本書に登場する人々は社会の〝良識ある人々〟から罵《ののし》られ、いつもいつも悪口雑言《あっこうぞうごん》を浴びせかけられているが、それでも彼らはだれの権利も侵害しているわけではなく、法的な制裁を受けるいわれもない。

彼らは**スケープゴート**（生贄《いけにえ》の羊）なのだ。なにしろ目立つし、叩《たた》きやすい。この世に正義があるのなら、彼らこそが弁護されるべきである。

本書の目的は市場システムの擁護《ようご》でもある。だからこそ、あちこちからこき下ろされるばかりの野心的な資本主義経済の参加者たち（つまりはポン引きやヤクの売人）を選び出し、彼らに最大限の賛辞を贈っている。こうした極端な例においてさえ市場が有効に機能し、取引参加者が相互に利益を得ているならば、自由な市場に対する信頼はよりいっそう強まるだろう。

読者が誤解しかねない点にあらかじめ触れておきたい。本書では、市場が道徳的な経済制度であると主張してはいない。事実として、市場経済は人類の歴史上、想像すらできないほどの途方もない消費財とサービスをわれわれにもたらした。消費者の際限のない趣味嗜好《しこう》や欲望を考慮するならば、彼らの欲望を満たす最良の手段は、市場以外にはない。

しかし市場はまた、ギャンブルや売春、ポルノ、ドラッグ、酒やタバコ、乱交パーティ、自殺マニュアルなど、道徳の観点から見ると、抑制した表現を使うならば「かなり疑問のある」、たいていの場合は「とんでもなくハレンチ」な財やサービスを生産している。

自由経済は、道徳的な制度ではない。消費者の欲望を満たす手段である以上、市場はその参加者の程度に応じて道徳的であるにすぎない。市場はまさに多様で、とてつもなく下劣で不道徳なものから、非のうちどころもなく合法的なものまでを包摂《ほうせつ》するのだから、それは道徳的でも不道徳的でもなく、道徳性のないものと見なされるべきだろう。

銃であれ、ナイフであれ、タイプライターであれ、その使用目的がよくても悪くても、市場はいずれの場合もきわめて効率的である。自由な市場を通じて、わたしたちは高潔な行為を行うことができる。もちろん、その逆も可能である。

ではどのようにして、わたしたちは市場参加者の不道徳な行為を擁護することができるのだろうか。これはリバタリアニズムの哲学に由来するのだが、個別の問題に分析を限定するのである。

【質問】いかなる条件であれば、暴力は正当化されるのか？

【回答】暴力は以下の条件を満たすときにのみ正当化される。

①正当防衛

②先制攻撃への対応

③先制攻撃への報復

【結論】国家が不道徳な行為をする人々（彼らは脅《おど》しや暴力によって他者あるいはその財産を侵害しているわけではない）を検挙し、懲罰を加え、投獄し、死刑を科《か》すことは正当化できない。

リバタリアニズムは人生の哲学ではない。「人はいかに善《よ》く生きるべきか」について述べているのではない。善と悪、道徳と不道徳、適切と不適切のあいだに境界線を引いてくれるわけでもない。

売春婦やヤクの売人などを擁護することは、非常に限定された議論である。本書で繰り返し指摘されるのは、「彼らはだれかをいきなり殴りつけたのではない」という明白な事実だけだ。

もしそうであるならば、リバタリアニズムの原理原則に従って、だれも彼らに罰を科すべきではない。彼らの行為は、監獄送りやそのほかのいかなる暴力的方法によっても罰せられるべきではない。

だがその一方で、こうした行為が道徳的だとか適切だとか善行だとか主張しているわけでもないのである。

売春婦

売春婦を悲劇のヒロインに仕立て上げるのはだれ？

女性の権利を守る団体とか、宗教関係の方々とか、市民運動家のみなさんとか、世の中の良識あるすべての人々から際限のない嫌がらせを受けながらも、売春婦（売春夫）は今日も元気に商売に励《はげ》んでいる。彼ら彼女らが提供するサービスに高い価値があることは、法的な規制や道徳的な批判にもかかわらず、人々がソープランドやデートクラブにせっせと通っているという事実によって証明されている。

売春とは、**「金銭を介した性的サービスの自発的な取引」**と定義できる。この定義の本質は、「自発的な取引」、すなわち「好きでやっている」ということにある。

ちょっと前の話だが、わたしはノーマン・ロックウェル（一九四〇～五〇年代に人気を集めたアメリカのイラストレーター）が描いたある雑誌の表紙を見ていて、「これこそ売春の本質だ」と得心したことがある。それはミルクマン（牛乳売り）とパイマン（パイ売り）が相手のトラックの前でがつがつとパイを食べ、牛乳を飲んでいる絵であった。この二人が喜んで「自発的な取引」を行っていることは、だれの目にも明らかである。

十分な想像力を欠いている人は、売春婦が客を楽しませることと、ミルクマンとパイマンの話のあいだにどんな関係があるのか、不思議に思うだけかもしれない。だがちょっと考えてみてほしい。いずれの場合でも、二人の人間が自らの意思で集い、お互いの利益を満たすべくある取引に同意している。どちらの場合も、そこで強制や不正が行われているわけではない。

もちろん売春婦の客は、あとから自分の受けたサービスが支払ったカネに見合わないと後悔するかもしれない。逆に売春婦が、提供したサービスの割に報酬が少なすぎると文句を言うこともあるだろう。だが同じような不満は、ミルクとパイの交換でも起こりうる。ミルクは腐りかけて酸《す》っぱいかもしれないし、パイは生焼けかもしれない。こうした後悔はいずれも事後的なもので、「取引が自発的に行われた」という事実を否定するものではない。もしも参加者にその気がなかったなら、そもそも取引は行われなかったであろうから。

「女性の権利を守る」と称する活動家たちのように、貧しくも虐《しいた》げられた売春婦の苦境を嘆き、彼女たちの人生を屈辱的で搾取《さくしゅ》されたものと考える人々もいる。しかし売春婦は、セックスを売ることを屈辱的とは考えていないだろう。ビジネスの長所（短い労働時間、高い報酬）と短所（警官の嫌がらせ、ポン引きに支払う仲介料、気の滅《め》入《い》るような職場環境）を考慮した結果、売春婦は自らすすんでその仕事を選んでいるのである。でなければ、つづけるはずがない。

もちろん売春婦の体験には、「ハッピーな売春」とはいかないさまざまなネガティヴな側面がある。シャブ中になったり、ポン引きに殴られたり、あるいは売春宿に監禁されることもあるかもしれない。だがこうした暗鬱《あんうつ》な側面は、売春という職業の本質とはなんの関係もない。脱走犯に誘拐され、治療を強制される医者や看護師だっているだろう。シャブ中の大工もいるし、強盗に襲われる経理課長だっているが、だからといってこれらの職業がうさんくさいとか、屈辱的だとか、あるいは搾取されているということにはならない。売春婦の人生は、彼女が望むほどによかったり悪かったりするだけだ。彼女は自ら望んで売春婦になり、嫌になればいつでも辞める自由がある。

それではなぜ、売春婦への嫌がらせや法的禁止が行われるのか?

その理由を顧客に求めるのは間違っている。彼は自らすすんで取引に参加している。もしあなたに贔屓《ひいき》の女の子がいたとしても、その気がなくなれば店に通うのをやめることができる。同様に、売春禁止は売春婦自身が望んだのでもない。彼女たちは好きでこの商売を選んだのだし、心変わりすればいつでも辞められる。

売春禁止に熱心なのは、**この取引には直接の関係がない「第三者」**である。時と場合によって売春に反対する理由は異なるだろうが、そのすべてに共通するのは彼らが部外者だということだ。彼らは取引に対してなんの利害関係も持たず、なんの権限もなく、無視されるのが当然である。売春問題に彼らの介入を許すのは、ミルクマンとパイマンの取引に通りすがりの者が口を出すのを許すのと同様に、馬鹿げている。

ではなぜ、この二つのケースは扱いが異なるのか?

「上品に食べよう会」と名乗るカルト集団が存在するとしよう。彼らは「パイとミルクをいっしょに食べるのは神への冒瀆《ぼうとく》である」とかたく信じている。もし仮に「反パイ―ミルク同盟」と「反売春同盟」がまったく同じ学問的価値――と言ってもなにもないのだが――を持つことが示されたとしても、両者に対する反応は異なったままだろう。「反パイーミルク同盟」は世間の冷笑を浴びるだけだろうが、売春禁止を主張する人々はずっと寛大な扱いを受けるにちがいない。ここには、売春問題を知的に理解することを頑強に阻《はば》むなにかがある。

すべての人間関係は売春である⁉

なぜ売春は合法化されないのだろうか？　売春合法化に反対する議論にはなんの根拠もないが、これまで権威ある学会から「非科学的な議論はご遠慮ください」と批判されたことはいちどもなかった。

売春のようなセックスの売買と、パイーミルクのようなそのほかの取引とのちがいは、「性を買う」ことについてわれわれが感じる、あるいは感じさせられるある種の羞恥心《しゅうちしん》に関係している。

よく知られたジョークをひとつ紹介しよう。

あるハンサムな男性が魅力的で貞淑な女性を、「一億円出すから僕と寝てよ」と口説いた。彼女はこの申し出に仰天するが、そのあとで考え直す。

「お金で寝るのは売春婦と同じだけど、そのお金を慈善事業に寄付するとか、世の中の役に立つことに使ったりとかできるじゃない」

その男性はチャーミングだし、あやしげでもなければ、不愉快でもない。そこで彼女は恥ずかしそうに、「いいわ」とこたえる。

次に、男性はこう訊《たず》ねる。

「だったら一万円でどう？」

彼女は激怒して、「よくもそんなことが言えるわね。わたしをどんな女だと思っているの！」と、男の顔を平手で叩《たた》く。すると彼は、こうこたえるのだ。

「君は金で寝る女だろ。自分でそう言ったじゃないか。だから僕は、値段の交渉をしようとしただけなのに」

言うまでもなく、この男が放つ言葉の暴力は、セックスを売ることに対する世間の侮蔑《ぶべつ》を背景にしている。

「性を売買するのは堕落《だらく》である」と信じる人たちに対抗する方法は二つある。

ひとつは正面攻撃で、「セックスを金で買うのは間違っている」という信念をただ否定するのである。だがこれでは、売春を不道徳だと見なす人々を納得させることはできないだろう。

もうひとつの方法は、わたしたちは常に——だれもがいつでも——セックスを金で買っており、それゆえプロの売春婦と客のやりとりにケチをつける資格はない、と示すことである。

わたしたちが性的活動を行う際、常に取引や金銭の支払いが発生していると、どのような意味で言えるのだろうか？

少なくともわれわれは、セックスについて合意する前に、パートナーに対してなんらかの申し出をしなければならない。売春においては、この申し出は現金の提供によって行われる。

それ以外の場合は、取引はそれほど明示的ではない。だがデートマニュアルのほとんどは、明らかに**売春モデル**に基づいている。男性は映画やディナーや花束などに金を支払うことが期待され、女性は性的サービスの提供で報《むく》いることが期待されている。結婚についても、夫が経済的側面を担《にな》い、妻がセックスと家事労働を担当するのであれば、売春モデルとなんのちがいもない。

わたしがここで言いたいのは、恋愛から学問にいたるまで、**人間同士の自発的な関係はすべて取引だ**ということだ。ロマンティックな恋愛や結婚においては、取引は愛情や思いやり、やさしさなどを介して行われる。その取引は幸せなものであろうし、互いに与え合うことに喜びを見出すであろう。しかし、それでもやはりこれは取引なのである。

冷酷な相手に愛情や思いやりを一方的に与えているだけでは、報われないことは明らかである。取引のあるところには報酬がある。夫婦にせよ、恋人同士にせよ、そこにセックスと報酬の関係があるのなら、それは言葉の定義上、売春の一種なのである。

この世のすべての取引は、セックスの有無にかかわらず売春の一形態である。売春と類似するからといって、これらすべての関係を否定するのは馬鹿げている。そうではなくて、売春を人間の行う相互作用のひとつにすぎないととらえるべきである。結婚についても、友情についても、売春についても、それでなんの異論もないはずだ。

ポン引き

「ポン引き」の本質は仲介業者

遠いむかしから、ポン引きは売春婦を餌食《えじき》にする**寄生虫**として不当に扱われてきた。その存在を公正に査定するためには、ポン引きの真の役割に関する厳密な調査研究が必須である。

検討すべき第一の点は、「ポン引きは売春婦をかき集め、引き止めておくのに暴力的な脅迫や強制を使っている」という申し立てである。そういうことをするポン引きもいるだろう。だがこの事実は、職業それ自体を批判するのにふさわしいものだろうか？

この世に不届き者の一人もいない職業などあるだろうか？

レンガ積み職人や配管工のなかにも、音楽家や聖職者や医師のなかにも、親愛なる隣人の権利を蹂躙《じゅうりん》する者はいる。だがこうした一部の不届き者の存在によって、彼らの職業それ自体が世間の批判を浴びることはない。

ポン引きという職業にしても事情はまったく同じである。一人のポン引きが、あるいは世の中のポン引きすべてでもいいのだが、彼らが犯罪行為に及んだとしても、その行為が職業上の必然でないかぎり、それをポン引き業を面罵《めんば》する材料として利用すべきではない。

身代金を目的として幼い子どもを誘拐する職業は、職業自体として邪悪である。たとえ身代金の一部を慈善事業に寄付する誘拐犯がいたとしても、あるいは世の中の誘拐犯のすべてがそうだとしても、その職業に対する憎しみが減じるわけではない。なぜなら誘拐という行為自体が邪悪なのだから。

同様に、ポン引きという行為自体が邪悪であるならば、ポン引き業もまた世の批判を浴びるべきである。ポン引き業を正しく評価するためには、一部のポン引きによってなされた邪悪だが非本質的な行為は、職業自体には関係のないものとして無視されなければならない。

ポン引き業におけるポン引きの役割とは、「**ブローカー**」である。不動産会社や保険会社や証券会社や投資顧問会社や商品先物取引会社などのブローカーと同様に、ポン引きは取引を希望する二人を、彼らが自力で相手を探すよりもずっと安いコストで引き合わせる役割を果たす。

ブローカーを利用した顧客は、取引のいずれの側も、その仲介によって利益を得ている。そうでなければ、そもそもブローカーが存在する理由がない。このことは、ポン引き業でも同じである。

女の子と遊びたい客は、気に入った娘が現れるまでむなしく待ったり、盛り場を探し歩いたりする手間を省《はぶ》くことができる。デートサービスの会社に電話して、「若くてかわいい娘を一人よろしく」と頼めばいいだけだからだ。自分で女の子を探すよりずっと楽だし、おまけに注文した娘がちゃんとやってくるという保証までついている。

世の中は「ぼったくり」で溢れている

売春婦にとっても同様に利益がある。ポン引きのおかげで彼女は客を探すのに無駄な時間を割かなくてすむし、望ましからぬ客や警察——その仕事は成人した男性と女性が合意のもとに自発的な取引を開始するのを邪魔することだ——から守られてもいる。デートサービスの会社に所属していれば、売春婦は客を見つけるのに盛り場でうろうろしたりバーをはしごしたりする必要もないから、その意味でもずっと安全だ。

売春婦がポン引きから搾取《さくしゅ》されていると言うならば、工場経営者もその商品でひと儲《もう》けを企《たくら》むセールスマンから搾取されているし、新しい役を見つけてもらうためにギャラの何パーセントかを支払う女優もエージェントにぼったくられている。

これらの例では、雇用者（売春婦・工場経営者・女優）は被雇用者（ポン引き・セールスマン・エージェント）のサービスを利用して、**彼らを雇《やと》うコストよりもずっと多く稼《かせ》いでいる。**もしそうでなければ、彼らの間に雇用者—被雇用者関係は成立しないはずだ。売春婦—ポン引き関係（つまりは雇用者—被雇用者関係）も、同様の相互利益を生んでいるのである。

プロのポン引きは、ブローカーとして必要不可欠な役割を果たしている。だとすれば、彼は銀行や保険会社や証券会社などのほかのブローカーよりもずっと尊敬されるべきである。社会的に認められたブローカーは既得権を保障するさまざまな法律を頼みにしているが、ポン引きには自らの地位を守るために利用できるものなどひとつとしてないのだから。

＊「売春」は現在、「セックスワーク（性労働）」と呼ぶのが政治的に正しい《ポリティカリー・コレクト》とされている。中高生の

援助交際に見られるように、女性が自らすすんで性労働に従事するようになると、従来のマルクス主義的な搾取論や人身売買・奴隷《どれい》化論は根拠を失ってしまった。「性の自己決定」というフェミニズムのテーゼに照らせば、個人の自由な意思で選択したセックスワークを否定することはできないからだ。フェミニストの多くは売春を〝非犯罪化〟〝非処罰化〟すべきと主張しているが、これを売春自由化・合法化と区別するのは難しい。なおオランダは二〇〇〇年十月に売春禁止法を廃止して性労働を合法化し、ドイツはセックス産業従事者に公的な社会保障を提供している（訳者註）。

女性差別主義者

女性差別反対!

四つの女性解放運動

「女性の解放」を叫んだり、「女性の権利を守る」べく活動する人たちがいるが、その実体はさまざまな考え方や目的を持つ集団の寄り合い所帯である。もしもあなたにいくばくかの知性があるのなら、「女性の権利」と聞いただけで諸手《もろて》を挙げて賛同したり、頭ごなしに拒絶するのではなく、それぞれの運動を目的や動機、戦略に応じて正しく評価する必要がある。これまでいっしょくたにされてきたというだけで、異なる価値観を持つ人たちを同等に扱うのは馬鹿げている。

私見によれば、女性の権利を守る運動は四つの主要なカテゴリーに分類でき、おのおのが異なった評価を下されるべきである。

1 レイプ犯に極刑を求める人たち

殺人を別にすれば、女性に対して行使されるもっとも忌《い》まわしい暴力はレイプである。しかし男性優位の社会では、強姦《ごうかん》が常に犯罪として処罰されるわけではない。理不尽なことに、夫が妻を無理矢理犯しても、たいていは違法と見なされないのだ。

結婚という「聖域」の外側であれば、レイプは違法行為とされているように見える。だが、法がレイプ被害者を扱うやり方はじつにひどいものである。

強姦者と被害者が以前つきあっていたことがあれば、裁判所は「それは恋人同士の諍《いさか》いにすぎない」と言う。レイプがあったことを証明するために、犯罪の目撃者を要求されることもある。強姦者の友人が被害者と性的関係を持っていたと証言すれば、彼女は裁判官から「ふしだらな女」と見なされ、有罪判決を勝ちとることは非常に困難になる。もし被害者が売春婦なら、有罪判決などまったく不可能だろう。強姦された売春婦の法的無力さの背後にあるのは、**「ほかの男とは喜んで寝ているじゃないか」**という恐るべき偏見である。

「女性の権利を守る」運動をわたしが支持する理由は、それがレイプ犯に重罪を科《か》すことと、被害者への十分な賠償を求めているからである。

「人権」を錦《にしき》の御旗《みはた》のごとく振りかざす人々（リベラルとか左派）は、アダルトチルドレン（親による幼児期の虐待などの被害者）なる珍妙な理屈を振り回してレイプ犯をずっと甘やかしてきた。そもそも彼らの見解では、レイプを含めたあらゆる犯罪は貧困や家庭崩壊や社会の無関心によって引き起こされたものということになる。それゆえ彼らの主張する「解決法」は、より多くの生活保護であり、貧困地区に公園や遊び場をつくることであり、犯罪者へのカウンセリングやセラピーであり、その他もろもろの愚《ぐ》にもつかないことであった。それに比べて、フェミニストたちの**「レイプ犯を極刑に！」**という叫びがいかにさわやかな響きを持っていることか。

レイプ被害者に対する扱いを見てもわかるように、**国家は女性に対する暴力行為を暗黙のうちに容認している。**国家による女性差別はレイプだけでなく、売春の禁止にも表れている。

先に述べたように、売春禁止法は大人同士の合意のもとでの取引を禁じ、売春婦が正当に日々の糧《かて》を得ることを妨《さまた》げているのだから、明らかに女性差別の法律である。もしもこのことがうまく理解できないのなら、考えてみてほしい。現行の制度では、売春は売り手にも買い手にも違法だが、男性（買い手）はめったに逮捕されず、罰せられるのはいつも女性（売り手）である。

中絶問題にしても同じである。アメリカでは州法によって中絶が禁止されているか、厳しく制限されているのだが、これは「**自己所有**」という偉大な道徳原則を頭から否定している。奴隷《どれい》というのは自らの所有権を失った人々のことにほかならない。**国家は中絶の禁止によって女性から自己所有権を奪い、奴隷並みの扱いをしている。**女性が自らの身体を所有しているのなら、彼女は自分の子宮も所有している。彼女ただ一人が、子供を産むか産まないかの全面的な決定権を持っているのである。

国家が女性の権利に暴力的に介入する方法はさまざまである。女性に男性と同様の財産所有権や契約権を与えない国はたくさんある。アメリカでも最近まで、「妻は夫の許可なしに財産を処分したり、商業上の契約を結んだりすることはできない」という過去の遺物のような法律が残っていた。入学時に男性よりも女性により厳しい条件を要求する国立大学もあるし、公立学校の悪名高い能力・適性別学級編制《トラッキングシステム》は、男の子を「男性的な」活動（スポーツや大工仕事）へ、女の子を「女性的な」活動（料理や裁縫）へ強制的に誘導している。

ここがきわめて重要な点なのだが、レイプにせよ、売春や中絶の禁止にせよ、不公正な入学試験や能力・適性別学級編制にせよ、女性に対する典型的な差別には常に二つの側面が隠されている。ひとつは、それが**女性の権利を暴力的に侵害していること、**もうひとつは、そこに**国家の組織が深くかかわっていること**である。

アメリカにおいても、女性が自分の財産を持ったり、自らビジネスを始めようとすると国家から罰せられた時代があった。いまでも多くの州で中絶は非合法であり、場合によっては殺人罪で監獄に放り込まれることもある。これはいったい、なにを意味するのであろうか。

差別は国家によって行われることもあるし、個人がだれかを差別することもある。だが、**国家による差別だけが女性の権利を侵害する**のである。差別が私的に行われる場合は、彼（または彼女）は自らの名前で、自らのリスクにおいて差別する。しかし国家は、市民から徴収したカネを使い、市民に責任を押しつけて差別を行う。このちがいは決定的である。

たとえばハリウッドの大手映画会社が女性差別を公言し、レイプを礼賛《らいさん》する作品を製作したとしよう。その会社は社会から強い非難を浴び、観客は背を向け、株価は暴落し、資金が枯渇《こかつ》してたちまち倒産の危機を迎えるだろう。だが差別が国家によって行われる場合は、このようなことは起こらない。女性差別的な入学制度に反対する国立大学の学生が授業料不払いで抵抗したとしても、国家は市民から強制的に取り立てた税金で運営費を補充できるのだから、痛くも痒《かゆ》くもない。

女性たちが対処しなければならないさまざまな嫌がらせも、じつは国家と深く関係している。このことを知るために、女性に対する暴力が私的な場所（たとえばデパート）で起こった場合と、公的な場所（そのデパートのすこし先の路上）で発生した場合で、それぞれなにが起こるかを比較してみよう。

高級デパートの婦人服売り場で女性客が変質者に襲われたら、ガードマンや従業員が飛びかかって取り押さえるだろう。白昼堂々と女性客が暴行されるようなデパートにはだれも寄りつかないだろうから、経営者は自らの利益を守るために、顧客が安心して買い物を楽しめる環境を提供することに必死になる。従業員にしても、顧客が自分たちの店で買い物をしてくれなければ給料が支払われないのだから、安全の維持に積極的に協力するだろう。

このようにして、自由な市場ではより安全で快適な売り場を目指すデパート同士の競争が始まる。この競争の勝者は大きな利益を得るだろうし、敗者は——経営者が安全を軽視したからであれ、従業員がマニュアルを無視したからであれ——回復不能な損害を被《こうむ》るであろう。

このことはもちろん、私的な領域では女性は危険にさらされない、ということではない。われわれの道徳心が完全無欠のものでない以上、残念ながら、女性に対する嫌がらせは常に起こりうる。しかし自由な市場は、人々の損得の計算を利用して、この問題をもっともうまく解決することができるのである。

ところがこのデパートから一歩離れ、同じ女性が路上で襲われたとなると事情は一変する。公共の場所では、こうしたやっかいごとにかかわろうという動機づけがほとんどないからだ。

道を歩いていた女性がひどい目にあったとしても、公共の場所には、そのことでただちに損をする人間はだれもいない。いちおう警察官がこの件に責任を負《お》うことになっているが、彼らの給料は税金から支払われており、人助けをしたからといって増えるわけでもなく、被害を放置したからといって減るわけでもない。目の前で女性が襲われればさすがになにかするだろうが、デパートのように被害を積極的に防ごうとする動機が仕事のなかに組み込まれているわけではない。このようにして、**女性に対する深刻な被害はほとんどの場合、公共の場所で発生する**のである。

2 セクハラに反対する人たち

次に、一般に「**セクハラ**」と呼ばれている行為について検討してみよう。道を歩く女性に口笛を吹いたり、いやらしい目つきで眺《なが》めたり、卑猥《ひわい》な言葉を投げつけたり、嫌がる相手に言い寄ったり（とはいえ、相手が嫌がるかどうかあらかじめ知るのは、しばしば非常に困難である）することを指すのだろうが、こうした行為は、言葉の厳密な意味で、暴力による権利の侵害をともなってはいない。

ところがたいていの人は、とくに「女性の権利を守る」と称する人たちは、こうしたセクハラと、レイプのような暴力的な権利の侵害を区別しない。もちろん、どちらも女性にとっては不愉快きわまりない出来事であろう。だが、そのちがいは決定的である。

物理的な暴力をともなわない「セクハラ」は、これ以外にもたくさんある。女性フライトアテンダントを「スッチー」と呼んだり、満員電車でＡＶ嬢の裸の写真が載っているスポーツ新聞を広げたり、会社のパソコンのデスクトップをビキニ姿のアイドルにしたり、三十歳すぎの女性に「君って負け犬?」と訊《き》いたり、会社の男同士で女性社員の美人ランキングをつけたり……。

こうした、暴力的ではないが攻撃的ではあるかもしれない態度や振る舞いについて、考慮すべき重要な点は二つある。

第一は、こうした非暴力的な行動を法律で禁止してはならない、ということである。もしそのようなことになれば、基本的人権に対する大規模な侵害が引き起こされることになるだろう。**「言論の自由」**とは、それがいかに卑猥で低能で悪趣味で神経を逆なでするようなものであろうとも、人は言いたいことを言う権利がある、ということなのだ。

第二の点はもうすこし複雑で、ほとんど気づかれることはないのだが、こうした非暴力的な女性差別は、国家権力の影響下にある場所で発生する確率がずっと高い、ということである。公共の場所、たとえば公園や歩道や官公庁や特殊法人や各種公共団体や国公立学校などを考えてみよう。これらは国家が国民から暴力的に徴収した税金によってつくられ、運営されているのだが、もしもこうした悪弊《あくへい》が一掃《いっそう》されるならば、自由な市場の力を得て、世の女性たちを悩ます数々のセクハラ行為はずっと少なくなるにちがいない。

具体的な例で考えてみよう。

ここに嫌味なセクハラ上司がいたとする。この男は女性社員の胸やお尻をいやらしい目つきで眺めたり、鼻くそをほじりながら卑猥なジョークを飛ばしたり、「合コンをやろう」としつこく誘ったりする。

次に、このサイテーな上司が民間企業の管理職であった場合と、どこかのお役所の課長であった場合とを比較する。その際に利用するのは、経済学で言う「**補塡《ほてん》格差**」の考え方である。

補塡格差は、「**職務に付随する心理的な損失を埋め合わせるのに必要な金額**」と定義できる。たとえば、あなたが次の二つの職場から好きなほうを選べるとしよう。ひとつは、エアコンの利いた眺めのよいオフィスで、環境も抜群だし同僚も好《よ》い人ばかりだ。もうひとつは、じめじめとした地下室で、敵意に満ちた同僚に囲まれている。このような場合、あなたが後者の仕事を選ぶとするならば、かなりの額の追加報酬を期待するはずだ。いくらもらえば嫌な仕事をやろうと思うかは人によって異なるだろうが、奇人変人の類《たぐい》でないかぎり、同じ条件で不利な職場を選ぼうとは思わないだろう。

じめじめとした地下室ではたらく労働者を雇《やと》うためには、経営者は相応の補塡格差を埋め合わせるための金銭をこの人に支払わなければならない。同様に、セクハラ上司の下ではたらく女性社員にも、この補塡格差は発生する。セクハラが常態化している企業が、女性社員に快適な職場を提供している企業と同等の優秀な人材を確保しようと思うならば、かなりの額の給料を上乗せしなければならないだろう（キャバクラ嬢のような女性社員を高給で雇う、とか）。

民間会社の管理職の場合も話は同じだ。セクハラ上司は、出張のたびにブランド物のバッグや時計を買ったりして、この補塡格差を自分のポケットマネーで埋め合わせなければならない。さもなければ有能な部下に愛想をつかされ、昨今の厳しい世の中では、ライバルとの競争に敗れてリストラされる運命が待っているだろう。したがってこの上司は、セクハラをやめて女性社員に快適に仕事をしてもらおうと努力する強い経済的動機を持つ。

しかしこのセクハラ男が公務員であれば、話は別である。**役人は部下から嫌われてもクビになることはない**。仮に補塡格差のぶんだけ賃金を引き上げたとしても、**その原資は税金なのだから自分の懐《ふところ》は痛まない**。彼にはセクハラをやめる理由はなにひとつないのだ。これが役所や公共団体や国公立学校で悪質なセクハラが頻発する理由である。

同様に、職にあぶれた茶髪の若者たちが通りがかりの女性に口笛を吹いたりやじを飛ばしたり卑猥な言葉を投げつけたりする状況を考えてみよう。あるグループは路上や公園など、公共の場所でこうした行為を行う。別のグループはテーマパークやショッピングモールなど民間の場所で行う。この合法だがうっとうしい行動は、どちらの条件下で抑制されやすいのだろうか。

公共の場所では、嫌がらせをやめさせることの経済的な利益はまったく存在しない。彼らの行為が法を犯してはいない以上、警察官も見て見ぬふりをするだけだろう。

しかし民間の場所では、女性（あるいは女性への嫌がらせを不快に思う男性）を雇用したり顧客にしたいと考えるすべての経営者は、愚《おろ》かな若者たちの行動をやめさせる強い金銭的な動機を持っている。その結果、こうした不快な嫌がらせは、常に路上や公園などの公共の場所で起こり、デパートやレストラン、ショッピングモールなど、金儲《もう》けを追求し、決算の数字を気にしなければならない場所ではほとんど発生しないのである。

3 男女雇用機会均等法を推進する人たち

「女性の権利を守る」運動を客観的に検討してみると、その信奉者たちが陥《おちい》りやすい二つの悲しむべき誤《あやま》りを見つけることができる。これから説明するように、その誤解が女性差別主義者をわれわれの「ヒーロー」に仕立て上げるのである。

最初の誤解は男女雇用機会均等法に関するもので、ここでの問題は「均等（平等）」をどう定義するかにある。

「平等な労働」とは、言葉の厳密な意味で言えば、**短期的にも長期的にも二人の従業員の生産性がまったく同じ**、ということだ。ここで言う「生産性」には、彼らの性格、顧客からの好感度、上司や同僚との関係、その他さまざまな要素が反映され、最終的には、彼らが会社にもたらした利益の総額によって数値化されるだろう。

平等な労働が同一の生産性を意味するならば、法律があろうがなかろうが、自由な市場ではたらく人々は、性別の如何《いかん》にかかわらず同じ報酬を受けとることになる。たとえ世の中に女性を差別する会社が溢《あふ》れていたとしても、この結論は変わらない。なぜだろうか。

たとえばある保守的な業界で、女性が男性と同じ仕事をしているにもかかわらず、男性社員のほうにずっと高い給料を支払っていたとする。この場合、有能な経営者は男性社員のクビを切り、その代わりに人件費の安い女性社員を採用することでより多くの利益を稼《かせ》ぎ出すことができる。その結果男性社員の需要は減って給料が下がり、女性社員の需要が増えて給料が上がるだろう。

無駄飯食いの男性社員を片っ端からリストラした経営者は、彼らの雇用を守ろうとした経営者よりも市場での競争で優位に立つ。金儲けだけを目的とする強欲な経営者は、男性社員の既得権に配慮する温情主義の経営者よりも常に多くの利益を稼ぎ出し、それを原資に安売りを仕掛け、あるいはサービスや製品の質を向上させ、やがてはライバルを破産に追い込むであろう。

しかし残念なことに、「平等な労働に対する平等な報酬」を主張する人たちは、言葉の正しい意味での「平等」を誤解している。

彼らによる平等の定義は、学歴や職歴、勤続年数や資格試験の点数などである。だが、こうした基準に照らして同一な社員たちも、仕事で稼ぎ出す利益の額は大きく異なる。

わかりやすい例をひとつ挙げておこう。

ここに学歴や資格、入社試験の点数などがまったく同じで、性別だけが異なる二人の新入社員がいるとする。ところが女性社員は、何年か後に結婚し、やがて妊娠して子どもが生まれ、家庭にとどまって子育てに専念することになった。

あらかじめ断っておきたいのだが、わたしは「女性が子育てを担当する」という慣習を擁護《ようご》したいのではない。われわれの社会では、家事・育児のために女性が職場を離れる割合が圧倒的に高い、という事実を述べているだけだ。

もし女性社員が長期の育児休暇をとれば、そのぶんだけ生産性（すなわち会社のために稼ぐ利益）は減るだろう。あるいは彼女は、そのまま会社を辞めて専業主婦になってしまうかもしれない。この簡単な例からもわかるように、**女性が子育てを行うという慣習が広く共有された社会では、形式上は同一の男女の新入社員がいたとしても長期的には男性社員のほうがより多く稼ぎ、経営者にとってより大きな価値を持つことになるだろう。**

わたしの主張は、皮肉なことに、「女性の権利を守る」べくたたかっている人たちによって逆説的に証明されてもいる。

女性解放運動家たちが行った複数の調査によれば、男性と女性の能力を個別にテストした場合、女性は明らかに男性よりも高い能力を示している。だが、男女をいっしょにして競わせると、男性のグループは常に女性のグループよりも高いスコアを出すのである。

彼らはこの調査結果から、「女性は、男性に勝ってはならないという社会的圧力を内面化している」との結論を導くのだろうが、その当否についてはここで言及しない。重要なのは、ビジネスの現場ではほとんどの場合、女性社員は男性社員と競争しているという事実である。

もしも女性解放運動家たちの調査結果が正しく、はたらく女性が最善のかたちで男性社員と競うことのできないなんらかの要素がわれわれの社会に存在するのであれば、現実問題として、彼女たちが経営者のためにより多くの利益をもたらすのは難しいだろう。そして彼女たちが、形式的には平等であるにもかかわらず、実際には稼ぎ出す利益の総額で男性社員に後れをとっているとするならば、**男女雇用機会均等法ははたらく女性の人生に破壊的な影響を及ぼす**ことになる。

自由な市場は、同じ生産性を持つ社員に平等な報酬を支払うよう経営者に強い圧力をかける。その結果、男女の生産性が明らかに異なっているにもかかわらず法によって同一の賃金を支払うことを強制されている社会では、先ほどのケースとはまったく逆に、経営者は女性社員をクビにし、男性社員を雇うよう動機づけられることになってしまう。

男女雇用機会均等法の持つ差別的な効果によって、女性社員を男性社員に置き換えるごとに企業の利益は増えていく。繁栄する企業の経営者はもはや女性社員を雇おうとはせず、女性の権利を守るべく尽力する会社は利益を減らし、市場から退出していくだろう。

ここで再度強調しておきたいのだが、**労働基準法や男女雇用機会均等法のない自由な市場においてのみ、真に同等の生産性を持つ男女が同じ額の報酬を得る平等な社会が実現する。**飽《あ》くことなく利益を追求する民間企業だけが、社会的に差別された女性の窮状《きゅうじょう》を利用して、生産性の割に給与水準の低い労働者を確保する経済的な動機を持ち、その欲得ずくの行動によってはたらく女性の報酬は上がっていくのである。

ところが、役所や公共団体など利益を追求しない組織では、こうした損得のインセンティヴは定義上、存在しない。政府や非営利団体、すなわち公立学校、国公立大学、公立図書館、慈善基金、福祉団体、公共団体などで女性に対する深刻な権利の侵害が発生するのは偶然ではない。それに対して民間企業——メディアや広告、ＩＴ業界など——では、女性社員からの差別の申し立てはほとんど聞こえてこないのだ。

４ すべての女性差別に反対する人たち

ニューヨークの七番街にマクソリーズという由緒正しいバーがある。ここはかつて女性客を受け入れていなかった。ところがニューヨーク州に**「反差別法」**が施行されたおかげで、これまで「差別」されてきた女性たちもこのバーで飲んだくれることができるようになった。この出来事は、リベラル派や進歩主義者、女性解放運動家たちによって、「自由への偉大なる一歩」として賞賛されたものだ。

鳴り物入りで登場した反差別法の背後にあるのは、「顧客を性別で差別してはならない」という平等思想だ。

ところで、この奇妙な思想には重大な欠陥がある。それが即座に見つけられない人のために、いくつか背理法《はいり》を使ってみよう。

もしもこの平等思想を徹底するならば、女性用トイレを男性が使用できないのは差別ではないだろうか？

学校の寄宿舎を男女別に分けるよりも、男子生徒と女子生徒を同室にしたほうがよいのではないか？

女性とのつきあいを断る男性同性愛者は、「女性差別」として糾弾《きゅうだん》すべきではないのか？
特定の男性と結婚する女性は、ほかの女性がその男性と交際する機会を奪うのだから「差別」ではないのか？

こうしたことは、もちろんとてつもなく馬鹿げている。もしこれらが馬鹿げているならば、平等思想そのものが馬鹿げているのである。

「差別」という言葉は、いまの世の中では忌み嫌われているが、考えてみれば人間の行動というのはすべて差別――複数の選択肢のなかから自分の気に入ったものをひとつ選んで取り出すこと――なのである。この定義に反するような人間の行動は、ひとつとして存在しない。

わたしたちはいつも差別している。どの歯磨き粉を使おうかと選ぶときも、東京から大阪までどうやって行こうかと考えるときも、「この人と結婚しよう」と決心するときも。グルメは料理人の腕でレストランを差別するだろうし、ワイン好きは産地や年代で星の数ほどあるワインを差別するだろう。「差別」に対する攻撃とは、人間の本性に基づくこうした行為を否定し、自由な選択を制限する試みにほかならない。

では、由緒正しいバーで一杯ひっかけるという女性の権利はどうなるのだろうか。それは「選択の権利」を侵害しているのだろうか。

そんなことはない。

マクソリーズに入店を断られた女性の経験は、「これからホテルに行かない？」と口説いて袖《そで》にされた男性の経験と同じものである。男の誘いを断った女性は、彼の「権利」を侵害しているのではない――なぜなら彼の「権利」には、彼女とセックスすることは含まれていないのだから。彼女が奴隷でないかぎり、そこには「可能性」はあるだろうが、「権利」はない。

同様に、「女性のいないバーで気の置けない酒を楽しみたい」というささやかな男の望みは、女性の権利を侵害するという違法行為を犯しているわけではない。すなわち女性の権利には、彼女と同席したいとは思わない男性と酒を飲むことまでは含まれていない。そんなことが可能になるのは奴隷社会だけである。奴隷社会においてのみ、主人は命令に従うよう奴隷に強制することができる。

世の「反差別主義者」が彼らの〝哲学〟をわれわれに押しつけようとするならば、それはわれわれを奴隷として扱おうとしているのと同じことだ。

「女性差別主義者」と罵《ば》倒《とう》される人々がその暴挙に抵抗するのならば、彼らはまぎれもなくわれわれのヒーローである。

麻薬密売人

ハア

シャブ中はなぜ犯罪者となるか

覚醒剤（シャブ）の密売人ほど、世の中で忌《い》み嫌われている商売はない。多量の覚醒剤は悲惨な死を招くこともある。窃盗や強盗、奴隷《どれい》的な売春行為などの犯罪に結びつくことも多い。そのうえ「足を洗った」後でも、その影響は一生ついてまわる。中毒者はシャブの奴隷であり、「今日の一発」を得るためならどんな奈落《ならく》にも喜んで落ちる。

いったい、覚醒剤密売人の邪悪な本性に疑問符をつけることなど、可能なのだろうか。ましてや、彼らが好ましい人間だなんて――。だれだってそう考えるだろう。

ところで、シャブ中が邪悪な存在として社会から非難されるのは、彼が薬物中毒になったからではなく、覚醒剤取締法に違反したためである。そこで、この法律がもたらした悲劇的な状況を検証することで、シャブの売人こそが、**憐《あわ》れな隣人たちを救済するただ一人の人間**であることを論証してみよう。

法による覚醒剤の禁止は、その末端価格を「天文学的」としか形容するほかない水準まで引き上げる破壊的な効果を持つ。

もしもキュウリが違法化されたらどうなるか、考えてみてほしい。種を蒔《ま》いたり、肥料をやったり、収穫したり、市場に運搬したり、販売したりする費用に加え、法から巧《たく》みに逃れるコストや、不法栽培が発覚したときに科《か》せられる罰金の支払いも、キュウリの価格に上乗せされるにちがいない。

こうしたことは禁酒法時代の密造酒で実際に起きたが、それでも当時、付加的な費用はそれほど多額にはならなかった。なぜなら、法の執行はそれほど厳しいわけではなく、広く一般大衆の支持を得ているわけでもなかったからだ。

一方、覚醒剤については、その付加的なコストは絶大である。覚醒剤取締法は大半の国民から支持されており、いま以上に厳格に取り締まるよう要求する声もある。ヤクザや暴走族のなかにはシャブを厳禁とするところも多く、「法と秩序」を守るべく、警察官に代わって組織内の覚醒剤密売人や中毒者にリンチを加えてきた。警察官にしても、覚醒剤に対する忌避《きひ》感がこれほど強いと、発覚したときの社会的制裁を恐れて、おいそれとは収賄《しゅうわい》に応じなくなる。

ドラッグ密売の元締めは、警察官に多額の賄賂《わいろ》を支払うだけでなく、従業員――覚醒剤の製造や密輸、販売に従事する人たち――に対して高額の危険手当を支給しなければならない。さらには、彼らが逮捕された際には、弁護士を雇《やと》ったり、残された家族の面倒を見たりする必要も生じる。

こうした諸要素が、覚醒剤の価格を高騰させる理由である。しかしこれら付加的コストは、法によって覚醒剤を禁止したことで生じたものであり、覚醒剤自体の製造価格は風邪薬やビタミン剤とたいしてちがいはない。覚醒剤が合法化されたならば、中毒者はオロナミンC一本と同程度のコストで一発キメられるようになるにちがいない。

覚醒剤の禁止された社会では、重度の中毒者は、すくなくとも一日に一万円はシャブの購入に費《つい》やさなければならないという。覚醒剤中毒者は、シャブを入手するために年間四〇〇万円ちかい大金を支払っていることになる。この多額のコストが、**「人間やめますか」**とまで言われる覚醒剤中毒者の悲劇的な状況を生み出している。

一般に覚醒剤中毒者は無学な若者であり、まともな仕事では自分の習慣を維持するだけの金を稼《かせ》ぐことができない。もし彼が医学的・心理学的な援助を求めないならば、残された唯一の選択肢は「一発」を確実にキメるために犯罪に手を染め、警察官に逮捕されたり、仲間からリンチされたりすることだ。

さらに言えば、シャブ中による犯罪は、薬物依存症でない者が手がける犯罪よりもはるかに悲惨な結末を迎えやすい。中毒者でない犯罪者は、盗みをはたらくのにもっともよい時と場所を選ぶことができる。しかし中毒者は、「一発」が必要になったらじっくり考えている余裕などなく、しかもそういうときにかぎってドラッグの副作用で頭が鈍《にぶ》くなっているのである。

「盗品売買の経済学」に照らして考えれば、一人の中毒者が彼の習慣を維持するために手当たり次第に犯罪に手を染めるのは明白である。シャブを手に入れるのに必要な年間四〇〇万円を稼ぐために、中毒者はその五倍、およそ二〇〇〇万円分の盗みをはたらかなければならない。なぜなら盗品の故買人は、小売価格の二〇パーセント以下しか支払わないからだ。仮に犯罪を厭《いと》わない一万人の覚醒剤中毒者がいれば、彼らによる被害は年間で**総額二〇〇〇億円**を超えることになる。

こうした被害は、覚醒剤による中毒のためではなく法によって覚醒剤を禁止した結果だということは、どれほど強調してもしすぎることはない。シャブの末端価格を容易に手が届かないところにまで引き上げ、**中毒者たちを自分か被害者の死をもって終わりを迎えるほかない犯罪者人生に駆《か》り立てるものこそ、覚醒剤取締法**なのである。

麻酔剤中毒の医師

この点を証明するために、麻酔剤中毒の医師について考えてみよう。麻酔科医を中心に、医師による麻酔剤の濫用《らんよう》は深刻な問題になっているが、彼らが吸引する麻薬は合法的に購入されたものであり、病院の管理部門をうまくごまかせば無料《ただ》で入手することができる。この「薬物中毒」状態は、医学的には彼が糖尿病でインシュリンに依存しているのとたいしたちがいはない。いずれの「依存症」も、この医者がプロフェッショナルとして仕事をするのになんの支障もなく、事実、彼らのほとんどは優秀な医師であり、患者から慕《した》われ、同僚からも信頼されている。

だが、もし合法的な麻酔薬の供給が断たれれば（あるいはインシュリンが突然、違法化されれば）、この状況は一変する。麻薬中毒の医師は路上の密売人のなすがままとなり、ドラッグの質を確かめることもできずに、必要を満たすために法外な対価を支払わされることになる。

こうした環境のもとでは、薬物中毒の医師の人生はより厳しいものになるだろうが、しかし壊滅的というわけではない。彼らの職業は、薬物依存の習慣を維持するために必要な年間四〇〇万円の費用を比較的容易に賄《まかな》うことができるからだ。しかし、それがなんの資格も経験も持たないフリーターやニートの若者たちであったらどうだろう？

シャブの売人の役割とは、彼がこの業界に参入してくる目論見《もくろみ》とは裏腹に、**覚醒剤の末端価格を引き下げること**である。新しい売人が一人路上に立つたびに、需要と供給の法則によってシャブの販売価格は下落する。一方、警察当局による規制や取り締まり強化によって売人の数が一人減るごとにシャブの価格は上昇する。

中毒者の陥《おちい》る窮状や彼が手を染める犯罪は、覚醒剤の販売や濫用が理由なのではない。その原因が法的禁止の結果、シャブの価格が通常の方法では入手不可能なところまで上昇したことにあるのならば、価格を引き下げるあらゆる試みは麻薬問題の緩和《かんわ》に寄与《きよ》するだろう。

シャブの密売人が覚醒剤の価格を下落させる一方で、「法と秩序を守る」と称する人々は、彼らの商売を邪魔することで末端価格を引き上げている。そう考えれば、ヒーローと目される人物は広く愛されている麻薬取締官ではなく、悪名高きシャブの売人だと気づくだろう。

売人は悲劇の拡大を防いでいる

ドラッグ合法化は、「文明の進歩に反する」という理由でこれまでずっと相手にされてこなかった。「麻薬」と聞くと、人々は大英帝国が阿片《あへん》を中国侵略に利用した歴史とか、正体を失って道端に倒れている中毒者の写真とかを思い浮かべる。こうして、「人類の進歩を阻《はば》む麻薬は禁止すべきである」との「正論」が声高に主張されるのであるが、ドラッグ以外にも進歩の障害となる悪弊《あくへい》はいろいろある。

たとえば余暇《よか》はどうだろう。もしも従業員が一年のうち半年を休暇ですごしたら、「進歩」は間違いなく停滞するだろう。では、法律によって長期休暇を禁止すべきなのか。そんなことは不可能だろう。

そのうえ法律によっていくら禁止しても、現実には、市民の覚醒剤への接触を断ち切ることはできない。覚醒剤はかつてはあやしげな盛り場でしか手に入らなかったが、いまでは家庭の主婦や中高生でも簡単に入手できるようになった。

阿片戦争において、中国はイギリスの砲艦外交によって麻薬を受け入れるよう強制された。だが麻薬合法化は、個人に麻薬の使用を強制するものではない。それればかりか、覚醒剤取締法の廃止は、個人を国家による強制（麻薬を使用してはならない）から解放することなのである。

イギリスでは麻薬中毒者の更生プログラムの一環として、医師の処方によって合法的に安価な麻薬が提供されている。その結果、中毒者の数が急増したと批判されているが、すこし考えればわかるように、これは典型的な統計の作為である。

麻薬が違法であったときは、人々は自分が中毒者であると積極的に認めようとは思わなかった。麻薬が一部合法化され、安価に入手できるとなれば、中毒者数が増加するのは当然である。

政府は認定された中毒者にのみ、ドラッグを支給するからだ。この条件で「中毒者」が増えなかったら、そのほうが驚くべきことである。

イギリスで統計上の中毒者が増えたもうひとつの理由は、英連邦諸国からの移民の急増であろう。こうした移民が、定着の過程で一時的な問題を起こすのは十分にありうることであり、だからといってイギリスの麻薬合法化プログラムを非難するにはあたらない。

中毒者数の増加は、逆にこのプログラムの先見性や進歩性を示す十分な根拠となっている。クリスチャン・バーナード博士（心臓移植をはじめて行った南アの医師）によって南アフリカで心臓手術を望む患者が増えたとしても、心臓病患者の増加は博士のせいではない。

覚醒剤が依存症の唯一の対象ならば、それは絶対的な悪になりうるかもしれない。そうであれば、シャブの邪悪さを広く伝えようとする努力はひたすら賞賛されるべきであろう。

しかしながら、人はアルコールやギャンブルやセックスなど、違法とは見なされないさまざまな依存症を患《わずら》うこともある。そのなかで覚醒剤など一部の麻薬のみを対象とする禁止は、なんら有益な目的を提供しないばかりか、耐えられないほどの苦しみや大きな社会的混乱の原因になってきた。

この悪法を維持するために警察当局はたえず覚醒剤の価格を引き上げ、さらなる悲劇を招いている。そのなかでシャブの売人だけが、個人的なリスクを負《お》って末端価格を引き下げることで中毒者や犯罪被害者の生命を守り、いくばくかの悲劇を防いでいるのである。

＊世界的には麻薬を大麻・ハシシュなどのソフトドラッグと、ヘロイン・覚醒剤などのハードドラッグに分け、前者を合法化し後者を禁止しようとする議論が主流になりつつある。オランダにつづきドイツもソフトドラッグの個人利用を合法化し、それ以外でも欧米諸国には大麻所持を取り締まり対象から外すところは多い。またアメリカでは現在、医療用大麻の合法化が政治課題にのぼっている。大麻の鎮痛作用が末期がんなどの患者に効果があることは医学的に実証されており、〝ヘッジファンドの帝王〟と呼ばれたジョージ・ソロスが私財を投じてマリファナ合法化のキャンペーンを行っていることは有名。

一方、ハードドラッグ解禁の過激な主張がアメリカで力を持つようになったのは、数十年に及ぶ「麻薬戦争」にアメリカが敗北しつつあることがだれの目にも明らかになってきたからだ。連邦政府の麻薬統制予算は年間二〇〇億ドルにも達するが、刑務所を満員にする以外になんの効果も発揮していない。

ドラッグをめぐるこうした事情は、スティーヴン・ソダーバーグがアカデミー監督賞を受賞した映画『トラフィック』によく描かれている。連邦政府の麻薬取締最高責任者に就任したマイケル・ダグラスが、娘のドラッグ中毒をきっかけに「麻薬戦争」の無意味さに気づき、記者会見の席上で職を辞す場面が印象的だ（訳者註）。

シャブ中

ピー

「シャブ中」を守れ

覚醒剤中毒について議論する際に、「**双方の話を聞け**」という先人の言葉を思い出すのはよいことである。なぜならば、もしも大多数の人がなにかに反対しているなら、彼らの批判とは逆に、そこに好ましいなんらかの要素があるにちがいないからだ。**人類の長い歴史において、多数派の意見はたいていの場合、間違っていた。**

もしもあなたが多数派に同意していたら、その意見に反対する者を喜んで迎え入れるべきである。ジョン・スチュワート・ミル（イギリスの思想家・功利《こうり》主義者）は、真理に到達するもっともよい方法は異なる意見を持つ者の話を聞くことであるとして、次のように語った。

「あなたの立場を疑いにさらし、その疑問にこたえよ」

この方法はミルにとって非常に重要で、そのため彼は、「もしもあなたの意見を批判する者が存在しないのなら、あなた自身が批判的な立場をとり、できるかぎり説得力のあるかたちでそれを示しなさい」とまで述べている。覚醒剤を絶対的な悪だと信じる人こそ、「一発キメたっていいじゃないか」という議論に真剣に耳を傾けるべきなのだ。

「シャブ中」という現象を、その本質から検討してみよう。そのためには、覚醒剤が引き起こす社会的な問題――中毒者がシャブを手に入れるために犯罪に手を染める、というようなこと――は除外して考えなくてはならない。なぜならこうした悲劇は、国家が覚醒剤の販売を法によって禁止することから引き起こされているからだ（その理由は先に述べた）。

覚醒剤中毒における外部的な問題を検討の対象から外すならば、中毒の本質とは、利用者に対する覚醒剤の影響そのものにほかならない。

シャブの悪影響のトップに挙げられるのは、中毒者の寿命を短くするという批判だろう。中毒者の年齢や健康状態、専門家の立場によっても異なるが、麻薬常習者の寿命は一般の人に比べて十年から四十年短くなると言われている。これはほんとうに不幸なことであるが、だからといって覚醒剤の使用を法で禁止すべきだという根拠にはならない。

ある人がどのような人生を選ぼうが、その人の勝手である。楽しいことをいっぱいして太く短く生きたい人もいれば、いろんなことを我慢しても細く長く生きたいと考える人もいるだろう。生き方の選択にはどれが正しいという客観的な基準はないのだから、不合理だとか、あやしげだとかいう理由で他人の人生を非難することはできない。

ある人は、酒、タバコ、ギャンブル、セックス、旅行、道を横断すること、議論に熱くなること、激しい運動などをあきらめても長生きしたいと考えるかもしれない。別の人は、たとえ寿命が短くなってもこれらのうちのいくつか、あるいはすべてを楽しもうと決めるかもしれない。

薬物中毒を非難する別の有力な議論は、それが人々の責任能力を失わせるというものである。よく言われるように、覚醒剤中毒の父親は、家族に対する経済的・社会的責任を果たすことができない。ここまではわたしも同意するが、だからといって覚醒剤の使用や販売を禁止すべきだということにはやはりならない。

なんらかのかたちで責任能力を喪失させる恐れのあるものをすべて禁止するのなら、飲酒はもとより、パチンコ・パチスロ・競馬・競艇・競輪の類《たぐい》もすべて法で禁止しなければならない。死んでしまえば責任の果たしようもないから、車の運転、飛行機での移動、登山やスキューバダイビングなど、潜在的な危険を有する行動もすべて禁止するべきだろう。だが、これは明らかに馬鹿げている。

覚醒剤は自分一人の楽しみとして使用を許可し、家族に迷惑をかける恐れがある場合には禁止すべきだろうか。そんなことはない。

結婚をすれば、夫は妻に（妻は夫に）責任を負《お》うことになるが、だからといって危険をともなう行為を断念することに同意したわけではない。結婚は奴隷《どれい》契約ではなく、相手が不安に思うことをする自由を妨《さまた》げるものでもない。テニスによる心臓発作を心配した妻が、「夫がテニスに行くのを法で禁じてほしい」と言い出したら、あなたはなんとこたえるだろうか。

シャブ中は生産性を低下させない

覚醒剤に反対するまた別の議論は、「中毒者はまったくの役立たずだから、シャブ中が増えれば経済成長率が低下し、国が貧しくなる」というものだ。この議論が正しければ、覚醒剤中毒は国益を害することになる。

この議論は、国の豊かさを覚醒剤中毒よりも有意義なものと見なしているため、一見もっともらしく思える。だが実際は、経済成長の定義からしてきわめて疑わしい。

彼らは経済成長、すなわちＧＤＰ（国内総生産）の拡大こそが豊かさなのだと主張する。だが肝心のＧＤＰの内訳をのぞいてみると、たとえばその一〇パーセント程度が政府による支出であるが（日本の場合、国債発行などによる借金によって、国と地方を合わせた財政支出はＧＤＰの約三〇パーセント）、それがわたしたちの豊かさにどの程度貢献しているのだろうか。その一方でＧＤＰは、家庭における主婦の役割を経済指標として取り入れることができない。

さらに言うならば、経済成長論者は経済におけるレジャーの役割を完全に誤解している。「豊かさ」と言う場合、だれもが余暇になんらかの価値を見出すだろう。だが豊かさの指標であるはずのＧＤＰは、これをいっさい評価しない。

たとえば、あるすばらしい発明によって生産性が二倍に向上したとしよう。人々がこれまでと同じだけはたらけば、当然、ＧＤＰも二倍になる。その一方で、人々がこの偉大な発明をこれまでの生活水準を維持するために使い、労働時間を半分（すなわち余暇を二倍）にしたならば、ＧＤＰは変わらないから、統計上は、人々はまったく豊かになっていないことになるのだ。

覚醒剤中毒が生産性の低下、すなわち経済成長の鈍化につながるとすれば、同様に労働時間を減らすすべての行為が経済成長を減速させ、国を貧しくするはずだ。そうすると、経済成長を理由に覚醒剤に反対する人々は、夏のバカンスや、禅寺での瞑想《めいそう》や、森のなかの散歩にも反対しなければならず、この禁止リストは際限ないものになるだろう。

余暇を増やすことでより豊かな生活を送る、というのはどこも間違っていない。その結果GDPが縮小して国が貧しくなるというのなら、そもそもGDPが豊かさを計《はか》る指標として意味をなさないのである。

さらにつけくわえるならば、薬物中毒が生産性を低下させるというのは、必ずしも事実ではない。

シャブ中の行動に関するわれわれの知識は、ほとんどの場合、一発キメるためのカネを求めて社会の最底辺を這《は》いずり回る人々から得ている。たしかに薬物中毒者の大部分を占める彼らは、正規の仕事に就《つ》くこともできず、シャブをキメている以外の時間のほとんどは盗みや殺人や売春に費《つい》やされている。だがこれまで繰り返し述べたように、シャブ中のこうした行動は法の規制によって末端価格が天文学的水準まで跳《は》ね上がったためであり、薬物中毒者の生産性を議論するには適当ではない。

薬物中毒が経済に与える影響を計測するには、ドラッグの供給を法によって禁じられていない数少ない幸運な中毒者たちの行動を観察してみなければならない。

このグループは、安定したドラッグの供給のために自ら処方箋《せん》を書くことのできる薬物依存症の医師から構成されている。サンプル数は少ないのだが、たとえばモルヒネ（ケシから精製されるヘロインの原材料）に依存した医師の場合、そのほとんどが生産的な生活を維持し、ほかの医師たちと同様に患者に対して十分なサービスを提供しているとの調査結果がある。これらの調査が共通に示していることだが、薬物依存症の医師たちは専門分野の最新の研究成果をフォローし、患者と適切な関係を保ち、すべての面においてほかの治療者となんら遜色《そんしょく》のない仕事をしていたのだ。

覚醒剤が合法化されたとしても、シャブ中たちが個人的なさまざまなトラブルを起こしつづけることは間違いない。ドラッグがふたたび禁止されるのではないかとの恐怖に苛《さいな》まれることもあるだろうし、薬物摂取後のひどいうつ状態に悩まされることもあるだろう。ドラッグ合法化後は医師の管理によって大幅に改善するとしても、過剰摂取による死の危険も依然として残るにちがいない。

だが重要なのは、「覚醒剤を合法化してもトラブルはなくならない」ということではない。なにをするにせよ、人はいずれ問題を抱え込むことになる。

覚醒剤中毒は、それ自体が悪なのではない。もしも覚醒剤が合法化されれば、酒やタバコと同様に使用者自身の健康を害することはあっても、他者に危害を加えることはなくなる。

ドラッグに反対し、薬物の危険を教育し、新聞やテレビで「人間やめますか」と宣伝する人たちをわたしは否定しない。それは彼らの言論の自由だ。

しかし覚醒剤を法で禁止することは、**シャブを打ちたいと願う個人の権利を明らかに侵害しているのである。**

恐喝者

世の中は恐喝者だらけ

「恐喝はほんとうに違法なのか?」

この疑問にこたえるのは、一見、それほど難しいことには思えない。起こりうる唯一の問題は、「なんでそんなバカなこと聞くんだ?」と逆に詰問されることくらいだろう。「恐喝は犯罪だよ。なんでって? ええと……、だって恐喝だろ」

恐喝者は人々の隠された暗い秘密を餌食《えじき》にする。彼らはその秘密を暴露し、公表すると脅《おど》す。犠牲者から金を巻き上げ、しばしば自殺に追い込む——。

しかしながらわれわれは、恐喝に敵対する主張が正確な分析に基づいていないことをここで示したい。それらの議論は、裏づけのない思い込みや誤解の集積に基づいている。

恐喝とはなんだろうか?

恐喝は、取引の申し出である。より正確には、「**なにかあるもの(通常は沈黙)と、ほかのなにか価値あるもの(通常は金)の取引の提示**」と定義できる。もしこの申し出が受け入れられれば恐喝者は沈黙を守り、恐喝された者は合意した代金を支払う。もしこの申し出が拒否されれば、恐喝者は言論の自由を行使して秘密を公表する。

この取引には、なんら不都合なところはない。彼らのあいだで起きたことは、沈黙の対価としていくばくかの金を請求する商談である。**もしこの取引が成立しなくても、恐喝者は合法的に言**

論の自由を行使する以上のことをするわけではない。

ゴシップ記者（有名人のスキャンダルをかぎまわるパパラッチとか）と恐喝者の唯一のちがいは、「恐喝者は対価に応じて事実の公表を差し控える」ということである。その意味で、ゴシップ記者は恐喝者よりもたちが悪い。

恐喝者は、恐喝される者に沈黙のチャンスを与える。ゴシップ記者は警告なしに秘密を暴露してしまう。だとすれば、世間の目にさらしたくない秘密を持っている人にとっては、ゴシップ記者よりも恐喝者のほうがマシではないだろうか。

ゴシップ記者に秘密を握られれば、すべてを失ってしまう。恐喝者ならカネでかたをつけることができるかもしれないし、失敗しても状況がより悪くなるわけではない。

恐喝にあった人は、請求された金額が沈黙に見合うなら恐喝者に対価を支払う——これは二つの悪い可能性のうち、よりマシなほうだから、沈黙の価値と恐喝の代金との差額は彼の利益になる。

一方、恐喝者が沈黙の価値よりも多額の金銭を要求したときは、その取引は成立せずに秘密は公《おおやけ》になるだろう。しかしながらこの場合でも、恐喝の被害にあった人は、執念深いゴシップ記者につきまとわれたときよりも悪い結果にはならない。もっとも、だからといって恐喝者に対する怒りが多少なりともやわらぐ、というわけにはいかないだろうが。

恐喝は、必ずしも金と沈黙の交換というわけではない。それがもっともよく知られた形式であることは間違いないが、恐喝の本質は、金とも沈黙とも無関係に定義することができる。一般的に言うならば、**恐喝とは、「なんらかの要求に応じなければ、なにかあること（それ自体は非合法ではないこと）が行われる」**と脅すことである。

そう考えると、世の中にはじつに多くの恐喝が行われていることがわかる。そのうえ彼ら恐喝者たちは、非難されるどころか、しばしば尊敬されたり拍手喝采《はくしゅかっさい》を浴びたりするのである。

スポーツ用品メーカーのナイキは、ベトナムの下請け工場で十代の児童を不当に安い賃金ではたらかせていたとして、全世界的な不買運動の標的となった。NGOの活動家たちはナイキに対し、「労働条件を改善せよ。さもなくば大規模なボイコットを求めるキャンペーンを行う」と警告した。

この行動は、先の恐喝の定義を完全に満たしている。すなわち、ある要求が受け入れられなければ、それ自体非合法ではないあることが行われるだろうという脅しである。

ところで、恐喝の不可欠な要素である**「脅し」**とはいったいなんだろうか。これはたぶん、恐喝がもっとも嫌われ、かつ誤解されている側面である。

恐喝合法化で犯罪が減る？

ほとんどの人が、脅しは不道徳だと考えている。「暴力的な権利の侵害」についての一般的な見解は、暴力そのものはもちろん、脅しをも含んでいるからだ。たしかに盗賊が旅人に声をかければ、それはただちに暴力的な権利の侵害になるだろう。

ここで「脅し」の本質を考えてみよう。脅しの内容が暴力的なものであるとき、その脅しを非難するのは正当である。なんぴとも、他人をいきなり殴りつける権利を持ってはいない。

しかし恐喝では、脅しの内容は、**恐喝者がそれをする権利を持っているなにか**なのである——言論の自由を行使することであろうと、ナイキのスニーカーを買わないことであろうと、あるいはほかの人にもそうするよう説得することであろうと。そして脅しの内容が違法ではないときに、当然ながら、その脅しを「非合法」と呼ぶことはできない。

恐喝は、恐喝する者とされる者のあいだに特別な関係が存在する場合にのみ違法となりうる。たとえばある人が、守秘義務を信じて彼の秘密を弁護士に打ち明けたとする。この弁護士がその秘密を使って彼を脅せば、それは顧客との契約を破ることになり、明らかに違法である。しかし、秘密を知ったのが契約上の義務を負《お》わない第三者であれば、彼が沈黙を売ろうとすることは違法とは言えない。

さらに言えば、恐喝は社会に対してよい効果を発揮しさえする。

たまたま網にひっかかってしまった不幸な犠牲者を除いて、恐喝者は通常、だれから金を巻き上げようとするのか？　その標的は、主として二つのグループに分けられる。

ひとつは、殺人犯、強盗、詐欺《さぎ》師、横領犯、レイプ犯などの犯罪者グループである。もうひとつは、それ自体では違法ではないものの、多数派の慣習や道徳に反する行為を行っている人々――同性愛者、変態、性倒錯《とうさく》者、不倫のカップルなど――である。恐喝は有益な、しかしそれぞれ異なった効果をこのグループにもたらす。

犯罪者に対しては、恐喝や脅しは犯罪にさらなるリスクを加えることで抑止力としてはたらく。どれだけたくさんの匿名《とくめい》のタレコミ――その価値はどんなに高く評価してもしたりないほどだ――が、直接的にせよ間接的にせよ、恐喝者から警察に届けられることか。いったいどれだけの犯罪者が、恐喝や密告を恐れ、犯罪者仲間に助力を求めるのをあきらめて、たった一人で犯罪を実行するよう余儀《よぎ》なくされたことか。

さらには、犯罪に手を染めるすれすれのところにいる人たち――経済学者なら**「犯罪の限界効用曲線上の人々」**とでも言うだろう――のことを考えてみよう。彼らはほんのささいなきっかけで後戻りできない道に踏み出してしまうのだが、恐喝や密告の恐怖が、ときには犯罪を思いとどまらせる最後の防波堤《ぼうはてい》になることもある。

もし恐喝が合法化されれば、間違いなく犯罪に対する抑止効果は上がるだろう。合法化は確実に恐喝を増加させ、犯罪者集団はこのあらたな略奪者の登場に震えあがるにちがいない。

犯罪の発生を抑えるもっとも効果的な方法は、罰則の強化ではなく検挙率を上げることだと言われる。この話題は死刑制度の是非に関する議論のなかで取り上げられることが多いのだが、ここでは、恐喝は罰則の強化と検挙率向上の両方の効果を発揮するということを指摘しておきたい。

犯罪者は、せっかくの戦利品を恐喝者と分け合うよう強《し》いられることで、より多くの罰を受ける。さらに、警察や市民団体や自警団に恐喝者がくわわることで、逮捕される可能性も高まることになる。多くの場合、恐喝者自身が犯罪者集団の有力な構成員であり、彼らは犯人を特定するのにきわめて有利な立場にある。彼らの有用性は、マフィアに潜入した覆面捜査官——彼らは与えられた役割を演じなければならない——をも凌《しの》ぐのだ。

恐喝の合法化は、犯罪者とたたかうときのよく知られた金言——「分割して統治せよ」「盗人に仁義なし」の利用を可能にする。それが犯罪の減少に大きな効果を発揮するであろうことは明白である。

「真実が君を解放する」

恐喝の合法化はまた、それ自体は違法ではないが、「道徳」に反するとされるさまざまな活動に有益な効果をもたらす。恐喝合法化は、これらの行為を社会のくびきから解放するのである。恐喝が非合法とされる現在でも、われわれはその効果のいくつかを目にすることができる。

同性愛者はいまだに多くの州で法的に差別された扱いを受けているが、彼らは他者の権利を侵害しているわけではないのだから、こうした差別にはなんの根拠もない。

卑劣《ひれつ》な恐喝の被害にあった同性愛者はそのことで苦しみ、とてもそれが「利益」だなどとは考えられないだろう。しかし同性愛者全体の利益を考えるならば、恐喝による強制的なカミングアウトは、一般社会が同性愛者の存在を知り、共存する術《すべ》を学ぶことを促す。

被差別者を公衆の面前で名指しすることや、クローゼットから引きずり出すことは、もちろん「善意」などではなく、個人の権利の侵害である。しかしそれでもなお、一般の人々に彼らの存在を気づかせることにつながる。そのことによって恐喝は、いわれなき差別に苦しむ人々を解放する功績の小さな一部を担《にな》うことになるのだ。

古い警句にあるように、「**真実が君を解放する**」。

恐喝者のただひとつの「武器」は真実である。脅しの材料として真実を用いるとき、彼の意図《いと》とは無関係に、それがよいか悪いかも別として、恐喝者は真実を解き放つのである。

＊その後ゲイの活動家《アクティヴィスト》たちが、ここで述べられたのとまったく同じ論理で、同性愛者の有名人を強制的にカミングアウトさせる「クローゼット壊し」の運動を展開した（訳者註）。

＊ブロック教授は言及していないが、原理主義的リバタリアンの論理からすれば著作権や知的財産権も否定されることになる。書店でこの本を代金を支払って購入した以上、正当な所有者は読者であるあなたである。したがって自分の本をコピーしようが、スキャナで読みとってインターネットで公開しようがあなたの自由である。音楽CDにしても、映画DVDにしても、パソコンのソフトウェアに

してもすべて同じことだ。

一部のリバタリアンは著作権がなくても、(本書の奥付に「無断転載を禁ずる」との一文があるように) 著者と読者が個別に契約を結ぶことで著者の権利は保護されうると説く。だがこれは、逆に言論の自由を後退させてしまう恐れが大きい。現行の著作権法は「正当な目的」のために「正当な範囲」での引用を認めているが、個別契約においては、よほど度量の大きい著者でないかぎり批判的な文章に引用の許諾を与えないだろう。

リバタリアンのなかにはいっさいの著作権を認めず、「複製可能な作品は無料で配布される宣伝材料のようなもので、音楽家はライブで、俳優は舞台で、作家は朗読会で稼《かせ》げばいい」と主張する者もいる。だがこれが魅力的な提案でないことは、ブロック教授のような原理主義的リバタリアンですら著作権を放棄していないことから明らかである(訳者註)。

2ちゃんねらー

「2ちゃんねらー」は自由の防波堤

相手と意見が一致している場合、言論の自由を熱烈に支持するのはたやすいことだ。しかしその支持が本物かどうかは、卑劣《ひれつ》で不愉快でとうてい許しがたいと感じる類《たぐい》の言論を使った「極限性能試験」によってのみ検証することができる。

インターネットの匿名《とくめい》掲示板に書き込まれる名誉毀損《きそん》や誹謗中傷《ひぼうちゅうしょう》の数々ほどおぞましく卑劣なものはこの世にないと、多くの人が思っている。このことから、次のような非常に明快な結論が導き出される。

われわれは、ネット上で匿名の誹謗中傷を行う人々の言論の自由をこそ、熱烈に支持しなければならない。

もし彼らの権利が守られるのであれば、ほかの多くの人たち――ずっと温和で常識的な人たち――の自由はより確実に保障されることになる。逆に、誹謗中傷を行う人々の言論の自由が制限されるのであれば、わたしたちの自由もそれほど安全ではなくなってしまう。

市民派のリバタリアンたちが、名誉毀損の権利を守ることに腰が引けている理由は明白である。誹謗中傷は信用を毀損するからだ。根拠のない噂を流されて仕事を失ったり、友人が離れていった、などというヒドい話はいくらでもある。そのため市民派リバタリアンは、誹謗中傷者の言論の自由を守ろうとしないばかりか、それによって失われた名声や評判の回復を要求しさえしている。まるで名誉毀損が許しがたい罪であるかのように。

だが、ある人の評判を守ることが絶対的な価値を持つものでないことは明白である。もしも「名声」が神聖にして侵《おか》すべからざるものならば、それを傷つける恐れのあるすべての言論は、たとえ真実であっても、禁じられることになるだろう。映画、演劇、音楽、小説などの作品を馬鹿にしたり、からかったり、批判的に批評することは許されなくなる。個人や会社の評判を落とすどのような行為もすべて禁止されるにちがいない。

もちろん市民派リバタリアンたちは、誹謗中傷に反対するからといって、言論の自由の全面的な制限を認めるわけではないと主張するにちがいない。彼らは、個人の名声が常に守られるわけではなく、ときには犠牲にされねばならないことも認めるだろう。だがそれにつづけて、「だからといって誹謗中傷を免罪するわけではない。名声や評判は軽々しく扱うべきではないし、十分な理由なしに傷つけることも許されない」と言うに決まっている。

誹謗中傷こそ名声や評判を安全にする

しかし、そもそも**「評判」**とはなんだろうか。「軽々しく扱ってはいけないもの」っていったいなんだ？

評判は、明らかに彼の所有物——たとえば洋服のような——ではない。実際、**人は自分の評判を「所有」することはできない。**評判とは、だれかほかの人が彼について考えたこと、つまりはだれかの頭のなかにあるものだからである。

人がもし他人の脳味噌を所有できないとしたら、人は自分の名声を所有することもできない。だれかの脳味噌を盗むことができないとしたら、他人の名声を盗むこともできはしない。たとえ名声が「奪われた」と感じたとしても——それが公正な方法であれ卑劣な手段であれ、真実であろうと嘘であろうと——そもそもそんなものは所有していないのだから、その回復を法に期待するなど無理に決まっているのである。

それでは、誹謗中傷を否定したり、禁じたりする場合、わたしたちはいったいなにをしているのだろうか。それは、ある人が別の人に自分の考えを伝えたり（「あいつはゲス野郎だ」）、影響を及ぼそうと試みたり（「あんな奴とつきあうとヒドい目にあうぞ」）することを禁じようとしているのである。だが、もしも「自分の考えをだれかに伝えたり、影響を及ぼそうと試みたりすること」を否定するとしたら、言論の自由とは、いったいなにを意味するのだろうか。好むと好まざるとにかかわらず、**誹謗中傷もまた言論の自由の一部**なのである。

最後に、逆説的に言うならば、わたしたちの名声や評判は、誹謗中傷を禁じる法律がないほうが安全なのである。

現在の法律は虚偽《きょぎ》に基づく名誉毀損を禁じているが、そのことによって、だまされやすい大衆はゴシップ雑誌に書いてあることをすべて信じてしまうし、ネット上の匿名掲示板にしても、規制が厳しくなればなるほど投稿の信用度は上がっていく。

「だって、ホントのことじゃなかったら書かないんでしょ」

もしも誹謗中傷が合法化されれば、大衆はそう簡単に信じなくなるだろう。名声や評判を傷つける記事が洪水のように垂《た》れ流されれば、どれが本当でどれがデタラメかわからなくなり、消費者団体や信用格付け会社のような民間組織が記事や投稿の信用度を調査するために設立されるかもしれない。

このようにして、人々はすぐに誹謗中傷を話し半分に聞く術《すべ》を身につけるだろう。もしも誹謗中傷が自由化されたなら、「2ちゃんねらー」はもはや人々の名声や評判を片っ端から叩《たた》き壊すような力を持ちはしないのである。

＊原書で擁護《ようご》されているのは、Slanderer（中傷者）とLibeler（誹謗者）。職場や近所で悪口を言いふらす人間を念頭において書かれており、当然、インターネットの匿名掲示板を使った大規模な名誉毀損は想定されていない。だが著者が原理主義的リバタリアンである以上、誹謗中傷の規模や影響力によって結論が変わることはないはずだ。

なお、タイトルの「2ちゃんねらー」は匿名掲示板参加者の総称。実際の投稿のすべてが誹謗中傷ということではない（訳者註）。

学問の自由を否定する者

「**学問の自由**」に関しては、これまでもずいぶんウソくさい涙が流されてきた。象牙《ぞうげ》の塔に巣食《すく》う学者先生たちは、おそらくどんな話題よりも、この「自由」について雄弁に語るであろう。なにしろこれを、西洋文明の起源と同一視するトンチンカンな御仁もいるくらいなのだ。

昨今では、学問の自由への現実の、もしくは想像上の侵害に対する米国自由人権協会（「自由」と「人権」を守るリベラル派の総本山）の憤然とした声明を耳にしない日はない。だがそれらは、待遇改善や予算増額を求める教職員組合の怒りのデモに比べていまひとつ迫力に欠けることは否《いな》めない。なぜだろうか。

その名前からして、「学問の自由」は一見、人畜無害なもののように思われる。もちろんお偉い学者先生たちも、下々の者と同様にいろいろな自由——言論の自由、旅行の自由、職業選択の自由などなど——を持っている。だが彼らは、これだけでは満足しない。

「学問の自由」にはとても風変わりな意味がある。それは**雇用主の意向とは無関係に、自分のやりたいことをやりたいように教える自由**なのだ。そのため「学問の自由」は、その学者先生がどんなトンデモ学説を教えていようとも、彼が教壇に立っているかぎりは、大学は彼をクビにできないと主張しているのである。

これは驚くべき好条件、というか恐るべき言いがかりである。もしこの言いがかりがほかの職業——たとえば水道の配管工にもあてはまるとしたらどうなるか考えてほしい。「**配管の自由**」は、配管工がもっともよいと信じる方法で水道管をつなぎ合わせる権利を含んでいるのだ。

あなたが家を建てようとしていて、配管工のプロフェッショナルな判断とは異なるやり方で水道管を配置することを望んだとしたらどうなるだろう。「配管の自由」のない現在でも、配管工は「こんな馬鹿馬鹿しい仕事、やってられるか」と席を立つ権利を持っている。しかし「配管の自由」のもとでは、彼はそんなことをする必要はない。彼にはその仕事を自分のやりたいように行う権利があるからだ。その配管工は「自分の見解はあなたの希望よりも優先する」と宣言し、あなたは彼をクビにすることができないのである。

「タクシー運転手の自由」とは、乗客がどこに行きたいかにかかわらず自分の好きなところに連れていって、なおかつ料金を請求する権利のことだろう。**「ウェイターの自由」**とは、客がなにを食べるのかをウェイターが指示する権利にちがいない。

配管工やタクシー運転手やウェイターは、なぜこうした「職業上の権利」を持たないのだろうか。なぜそれは、ただ一人学者先生だけに与えられているのだろうか。

配管工、タクシー運転手、ウェイターと学者先生のちがいは次のようなものだ。「学問の発展のためには絶対的な表現の自由、その結果がどのようなものであろうと、真実を追究する権利が不可欠である」——もちろんこれは、学者先生たちが勝手に言っているだけのことであるが。

言うまでもなく、ここには耐えがたいほどのエリート臭がある。彼が知的活動にかかわっているかどうかは、「職業上の自由」にはなんの関係もないことだ。顧客や雇用主の意向を無視して従業員が絶対的な「権利」を持つというのは、どう考えても奇妙な話である。

百歩譲って、エリート主義者たちの言うように、「知的な職業にはほかの職業にはない自由が保障されるべきだ」と考えてみよう。そうしたら、ほかの「知的」と見なされる職業はどうなるのだろうか。

「医療の自由」は、患者が同意するしないにかかわらず、医師の判断で手術を行う権利のことだろう。そうなると患者には、自分が望まない治療を受けてもそれを拒否する権利がない、ということになるのだろうか。**「芸術の自由」**とは、望まれてもいなければ評価されてもいない芸術作品に対して、芸術家が料金を請求する権利のことだろうか。

「学問の自由」がどのように使われているかを観察するならば、残念なことにこうした疑問にはすべてイエスとこたえるほかない。この自由はほかの知的職業――原子物理の研究者や弁護士、政治家など――にも適用せざるをえなくなるかもしれない。その可能性を考えて鳥肌が立つのはわたしだけではないだろう。

市場経済は、個人が自由意思によって互いに契約を交わす権利を保障することで成立している。「学問の自由」は、この「契約の神聖さ」を否定する。雇用主は一方的に不利な立場におかれ、現状は学者先生に有利なように固定されている。これは参入障壁、保護主義、身分制によって自らの地位を守ろうとした中世のギルドとなにも変わらない。

ところでここまでの議論では、学者先生の雇用主を民間の大学だと考えてきた。その場合「学問の自由」は、民間教育機関が所有する資産への権利の侵害、ということになる。

だが現実には、国公立・私立を問わず、すべての大学は国家の管理下にある。その国家こそが、税金という名のもとに国民の資産を略奪する元凶である。

そう考えれば、「学問の自由」を次のように弁護することはできるかもしれない。

「国家権力は教育制度を好きなように私物化している。それに対抗するためには、学問の自由の名のもとに、彼らから権力の一部を奪い返すしかないのだ」

これは、なかなか説得力のある議論である。

この場合、「学問の自由」によってぼったくられているのは学生＝消費者ということにはならない。目障りな学者先生の雇用を維持するよう強制されているのは彼らではなく、大学を管理する文部科学省だからである。

お上《かみ》の覚えめでたい学者先生は、学問の自由があろうがなかろうが雇用が維持されるのだから、そこからなにひとつ利益を得ていないことになる。それに対してお上の意にそわない天邪鬼《あまのじやく》の学者先生は、学問の自由から大きな利益を得ている。なぜなら大学当局は思想信条を理由として彼をクビにすることはできないし、定められた手続きを経ずに言いがかりをつけて辞めさせることもできないからだ。

「学問の自由」は、詐欺《さぎ》や窃盗と同類である。それは個人が、自由かつ自発的に契約を結ぶ権利を否定している。しかし世の中には、**邪悪な手段がより邪悪な相手に対してよい結果をもたらす**、という不思議な話もたまにはあるのである。

満員の映画館で「火事だ!」と叫ぶ奴

「火事だ！」と叫ぶ言論の自由

言論の自由を制限すべき例として、満員の映画館で「火事だ！」と叫ぶ自由、というのはよく知られている。市民的自由や言論の自由を擁護《ようご》する者でさえ、そこには「火事だ！」と叫ぶ権利は含まれないと当然のように考えている。まるでだれもかれもが、「言論の自由はほかの権利より重要ではない」と合意しているかのようだ。

しかしながら、言論の自由を踏みにじるいかなる議論も、たとえそれがどんなに説得力があっても、危険な先例として批判されなければならない。「火事だ！」と叫ぶ人の言論の自由が、まさにそれだ。

映画館の経営者の権利は、法律によって自由な言論を禁止することなく、保護することができる。「火事だ！」と叫ばないよう、劇場所有者が顧客と契約すればいいだけだ（ほんとうの火事の場合は除く）。チケットの裏に小さな字で契約条項を記入しておいたり、劇場内に張り紙をしたりして、「上映中に〝火事だ！〟と叫んで、ほかの観客が映画を楽しむのを妨害するいかなる行為も禁止する」と伝えておくだけで、「言論の自由」とほかの権利とのあいだに起こるかもしれないすべての対立に終止符が打たれるだろう。

「火事だ！」と叫んだ人は契約違反として、損害賠償の対象となる。これはコンサートで歌うと契約したにもかかわらず、それを拒否して、代わりに経済学の講義をした歌手と同じだ。いずれのケースでも、問題とされるのは「言論の自由」なる権利ではなく、契約を尊敬する義務である。

こうした考え方には、いくつかの大きな利点がある。

第一に、「火事だ！」と叫ぶ者によって引き起こされるであろう市民の健康と安全への脅威を取り除くのに、市場の契約システムは政府による包括的な禁止政策よりも有効である。競争原理によって、劇場主は互いに観客を混乱に陥《おとしい》れるような突発的な出来事を回避しようと努めるだろう。彼らは、顧客に安全で快適な空間を提供するよう強く動機づけられている。それに対して国家はこうした動機をなにひとつ持たず、映画館の秩序維持に失敗したとしても、政府内のだれかが責任をとることもない。

政府による法的禁止よりも市場にまかせたほうがより大きな成功が期待できる理由として、市場の柔軟性を挙げることもできる。政府はたったひとつの包括的なルールしかつくることができない。どんなにがんばっても例外がひとつか二つ認められる程度だ。市場にそのような制限はない。その柔軟性と複雑性は、市場参加者の創意工夫によって生み出されるものだからだ。

か弱き権利を守るヒーロー

第二に、「火事だ！」と叫ぶことを法律で全面的に禁止することは、おそらくこの世でもっとも抑圧されているであろうマイノリティ集団――サディストやマゾヒストなどの変態さんたち――の権利を侵害している。

満員の映画館で「火事だ！」と叫び、我先に出口に殺到する観客たちの慌《あわ》てぶりを眺《なが》めたいサディストの権利はどうなるのだろう。または「火事だ！」と叫んだあとの大混乱のなかで押しつぶされ、踏みつぶされそうになりながら出口へと向かう快感を夢想するマゾヒストの権利は？法律による禁止のもとでは、彼らが熱望する「至上の快感」を手にする可能性はあらかじめ失われている。だが柔軟な市場経済であれば、需要のあるところに供給が生まれる。満員の映画館で「火事だ！」と叫んでみたいというサディストやマゾヒストの需要があるのなら、企業家は十分な対価を得て、必要なサービスを提供しようと考えるだろう。

わたしは変態さんたちのために、「火事だ！」と叫ぶことを許された映画館があってもよいと考えるのだが、この議論は多数派の人たちにとってはたんなる無駄話としか思えないだろう。それも当たり前で、彼らは虐《しいた》げられた者たちの苦しみを、侮蔑《ぶべつ》や嘲笑《ちようしよう》をもって眺めることしかしてこなかったからだ。

他人の権利を暴力的に侵害しないかぎり、成人した変態さんが他人と合意のうえで契約を結ぶ権利は百パーセント認められるべきである。彼らの権利をなんの価値もないものとして一笑にふすのは、多数派のあなたたちがファシスト的な考え方に染まっている証拠だ。

変態さんたちは、それが非暴力的なものであるかぎり、どのような退廃的な快楽に耽《ふけ》っても自由だ。〝良識ある〟多数派の人々は、映画を観にいくときに、「予期せぬ突発事故」が許可されている劇場を避ければいいだけだ。もちろん変態さんが多数派の劇場に行くときは、彼らの燃え上がるような欲望を抑えなくてはならない。

最後に、重要な点を再確認しておこう。

自由な社会でも、満員の映画館で「火事だ！」と叫ぶことは契約によって禁止することができる。だがそもそも**言論の自由とは、ほかの「至高」の権利——映画を邪魔されたり、出口で押しつぶされそうになったりしない権利——と対立するかもしれないなにか**なのである。

言論の自由は弱い葦《あし》である。それは常に抑圧の危機にさらされている。わたしたちが手にした権利は、驚くほどか弱いものだ。それゆえ、その権利をさらに弱めようとするあらゆる試みには断固として反対しなければならない。

言論の自由と、広く認められているほかの権利とのあいだに偽《いつわ》りの対立をつくり出すことは、自由な発言の権利を脅《おびや》かす非常に有効な戦略だ。満員の映画館で「火事だ！」と叫ぶことが、言論の自由を制限すべき理由として頻繁に引用されるのはそのためだ。

もしも言論の自由に「例外」が認められたなら、わたしたちの手にした権利はさらに弱まってしまう。**言論の自由にいっさいの例外はない**。言論の自由と、所有権のようなほんとうに重要な権利とのあいだに対立が生じることもありえない。

満員の映画館で「火事だ！」と叫ぶ人はわれわれのヒーローである。危機に瀕《ひん》している大切な権利を守るために、彼はなにが関係し、なにがなされるべきかをわたしたちに考えさせてくれるのである。

チケットあるよー

ダフ屋

ダフ屋の存在証明《レゾンデートル》

ある高名な辞書は、〝スカルパー（戦利品として敵の頭の皮をはぐ人々）〟を「短期間に売買を繰り返して利《り》ざやを稼《かせ》ぐ者」、〝スカルピング（頭皮はぎ）〟を「詐欺《さぎ》・泥棒の類《たぐい》」と定義している。これは一般大衆のチケット・スカルパー、すなわちダフ屋に対する敵意をよく表している。彼らへの非難の理由を見つけるのは難しくない。

大人気のコンサートやスポーツイベントを楽しみにやってきた人は、会場で、三〇〇〇円の席に一万円も払わなければならないことを知って仰天する。そしてこの馬鹿げた値段は、ダフ屋が定価で買ったチケットを、人々がどんな言い値でも買いたいと言い出すまで故意に売り惜《お》しんできたからだと考えるだろう。だが経済的に分析するならば、ダフ屋に対するこの批判は不当である。

なぜダフ屋が存在するのだろうか。

ダフ屋稼業の成立条件、すなわち必要にして欠くべからざる前提とは、**固定されて変更不能なチケットの供給量**である。需要の増加とともにチケットの枚数が増えていくのなら、ダフ屋はいなくなるだろう。追加のチケットが定価で手に入るのなら、だれがわざわざダフ屋から買うだろうか。

二つめの成立条件は、**チケットに定価が記載されていること**である。

もしチケットに定価が書いていなかったならば、定義上、ダフ屋稼業は存在しない。ニューヨーク証券取引所で売買されている株式には値段が記載されていないから、大量の株を買い、長期にわたって売り惜しみ、どんなに高値で転売しても、株式ブローカーは「ダフ屋」とは呼ばれない。

なぜコンサートやスポーツイベントの興行主は、チケットに定価を印刷するのだろうか。なぜ、シカゴの先物市場で小麦を売るように、あるいは株式市場で株を売買するように、マーケットが決めた価格でチケットを売るようにしないのだろうか。そうすれば、ダフ屋はこの世から消滅するのに。

その理由は、チケットの値段が決まっているほうが便利だとみんなが思っているからだろう——予算を立てるとか、休暇を計画するとか。だからこそ興行主も、チケットに定価を印刷することが自分たちの利益につながると考える。ということは、消費者の要求こそがダフ屋稼業を成り立たせている、ということになる。

三つめの成立条件は、**興行主が「市場価格（チケットを購入したい人数と座席数がぴったり一致する価格）」よりも安めに値段を決めていること**である。

チケットの定価を市場価格よりも安くすることは、ダフ屋に招待状を出すのと同じことだ。需要と供給の法則により、チケットの値段が安ければ安いほど、発行枚数よりもずっと多くの観客がチケット売り場に殺到する。この不均衡は、それを正そうとする力を必然的に呼び寄せる。

チケットがそう簡単に買えないとなれば、購入希望者のなかには、すこしぐらい高くてもいいと考える者も出てくるだろう。こうしてチケット価格は上昇し、それが需要を減少させて、当初の不均衡が解消されるのである。

ところで、なぜコンサートやスポーツイベントの興行主は、チケットの定価を市場価格よりも安く設定するのだろうか。

ひとつには、安い料金ならより多くの観客を呼べると考えるからだろう。チケットを求めて殺到するファンたちの長い行列は、格好の宣伝材料になる。言い換えれば、興行主たちはチケットを値上げしないことで、本来なら必要だったはずの宣伝費を節約しているのだ。

それに加えて興行主たちは、チケットの完売が約束されているビッグイベントや話題の映画でも、観客の反発を恐れて一方的な値上げに難色を示すことが多い。人々は映画の入場料に〝公正な価格〟があると考えており、興行主もそれを無視するわけにはいかないので、『スター・ウォーズ』のようにすこしぐらい値上げしても観客を呼べそうな映画でも、彼らはそうしない。映画の人気につけこんで「ぼったくっている」と思われたら、二度と劇場に足を運んでもらえなくなることを知っているからだ。

それ以外にもいくつか理由はありそうだが、とにもかくにも、興行主たちはチケットの値段を市場価格より安くしておいたほうが得だと考えているのである。

価格以外の制限は「差別」

チケット価格が需要と供給の均衡点を下回る場合、購入を希望する人数はチケットの枚数を上回る。ここで生じる問題は、かぎられたチケットをどのように分配するかだ。このときダフ屋は、彼らに与えられた有用な役割を果たすだろう。

ある人気野球チームは、シーズンのあいだ、一枚平均一〇〇〇円のチケット料金で三万人収容の球場を常にいっぱいにできるとしよう。ところがシーズン後半の優勝争いが盛り上がり、五万人のファンがチケットの入手を希望した。三万枚しかないチケットは、どのように割り当てられるべきだろうか。これは、観戦をあきらめるほかない二万人をどのような基準で選ぶべきか、という問題だ。

稀少な財を分配する際の基本原則として、経済学者たちは「**価格による制限**」と「**価格以外の手段による制限**」を検討してきた。

「価格による制限」では、需要に応じて価格が上昇するのを認める。われわれの考えでは、需要が供給を上回る商品について、これがただひとつの公正な分配方法である。

チケットの値段が二〇〇〇円まで上がれば、三万人収容の球場で三万人が観戦を希望するようになるとしよう。この場合、チケットの平均価格を一〇〇〇円値上げする方法はいろいろある。

ダフ屋がすべてのチケットを買い占めて、それを一枚二〇〇〇円で転売してもいい。あるいは二万六〇〇〇枚を定価一〇〇〇〇円で販売し、残りの四〇〇〇枚をダフ屋が一枚八五〇〇円で売ってもいい。これでもやはり、チケットの平均価格は一枚二〇〇〇円になるからだ。

ダフ屋はこの「とてつもなく高い」価格に対して非難を浴びるだろうが、これは簡単な算数の問題だ。もしも三万枚のチケットを売る適正価格が一枚二〇〇〇円で、それにもかかわらず二万六〇〇〇枚を一枚一〇〇〇円で販売するならば、残りの四〇〇〇枚の価格は当然、一枚八五〇〇円でなければならない。

「価格以外の手段による制限」では、供給可能な水準まで需要を減らすのに値上げが許されていないので、同じ目標に到達するために別の戦略が採用されることになる。

ある興行主は、先着順でチケットを分配するだろう。別の興行主は、購入資格を限定することで申込者数を減らそうと試みるかもしれない。たとえば縁故《えんこ》（親戚や友人にしか売らない）、人種差別（特定の人種にのみ売る）、性差別（男性のみに売る）などなど。ある特定の年齢集団を選びそれ以外を排除するとか、退役軍人や特定の政党支持者に優先権を与えるとか、挙げていけばきりがない。こうした「価格以外の手段による制限」は差別的で、特定の集団を故意にえこひいきするものだ。

一般に、このなかでは先着順がもっとも広く採用され、〝公正〟だと考えられている。チケットの発売開始が午前十時だとすれば、人々はそのずっと前から並び始める。夜明け前にやってくる者もいるだろうし、前日から徹夜で並ぶ者もいるだろう。しかしそうなると、列に並ぶのが嫌な人や、会社を休んで列に並べない人、あるいは召し使いやお抱え運転手に命じて列に並ばせられない人はどうすればいいのだろうか。これも立派な「差別」ではないのか。

ダフ屋は模範的!?

ここですかさず、「価格による制限も金銭の多寡《たか》で人を差別しているではないか」との反論が返ってくるだろう。これはそうだとも言えるし、そうでないとも言える。見方によっては、ダフ屋は下層階級や中産階級を助けているからだ。

まったく職がないか、ほとんど仕事をしていない低所得者層の人たちには、列に並ぶ十分な時間がある。仮にはたらいていたとしても、もともとの給与水準が低いので、仕事を休んでも一般の人より影響が少ない。こうした雇用の選択肢がほとんどない人たちに、ダフ屋はビジネスチャンスを与えている。

実際、なんの資本もない貧しい人たちが商売を始めるのに、ダフ屋ほど最適なものはない。先に述べた例で試算するならば、一〇〇〇円のチケット十枚を一万円で買い、一枚八五〇〇円で売ることで、あっというまに七万五〇〇〇円もの儲《もう》けを手にすることができるのだ。

中産階級の人々も、またダフ屋に助けられている。仕事に穴を開けたときの損害が低所得者層より大きいため、気軽に仮病を使って列に並ぶわけにはいかないからだ。八五〇〇円のチケット代が、会社に行ったなら得られたであろう一日分の給与より安いならば、ダフ屋を利用するのは彼らにとって十分に意味のあることである。ようするに、**ダフ屋は貧しい人々に仕事を与え、忙しくて列に並ぶ時間のない中産階級のためにチケットの購入代行をしている**のだ。

金持ちは召し使いを列に並ばせればいいのだからダフ屋は必要ないが、ある意味で彼らは、その金持ちすら助けている——ダフ屋から買ったほうが、召し使いを列に並ばせるよりもチケット入手のコストはずっと安いのだから。

もっとも、ダフ屋がすべての人々に利益をもたらすのはとりたてて驚くべきことではない。市場経済はだれかが得をすればだれかが損をする弱肉強食のジャングルではなく、自主的な取引は、双方が利益を得る模範的なケースなのだ。

そうは言っても、「価格による制限」が金持ちにとって有利な仕組みだというのは否定できない。彼らは、ふつうの人がとても手を出せない法外な値段のチケットでも、苦もなく買える。しかし、これこそが市場経済の本質であり、わたしたちが市場から利益を得ることを望む以上、受け入れざるをえないものなのだ。

市場経済はすばらしい

市場経済は、分業と交換によってわたしたちにとてつもない富をもたらしている。もしもわたしたちが自給自足で暮らしたら、なにが起きるかを想像してみてほしい。

わたしたちの生活は、ほかの人たちとの取引によって支えられている。市場経済が機能しなくなったら、人類のすべてとは言わないまでも、その大半が死滅するであろう。金銭の多寡によって購入できるものが異なるのはおかしいとか、金持ちが自分の金で高級品を手に入れるのは許せないとか、一部の人間がそう言い募《つの》るたびに市場経済は衰弱していく。

その富が市場から正当に得られたものではなく、国有財産の強奪によって獲得されたならば、もちろん金持ちの横暴を許すことなどできるはずはない。だがその場合でも、怒りのあまり市場経済そのものを否定するのでは、盥《たらい》の水といっしょに赤子まで流すようなものだ。不正に蓄積された資産を没収することで、正義は回復されるだろう。

一方、その富が正当に得られたものであれば、より多くの財やサービスを受けとることになんの問題もない。これは、市場経済を維持する不可欠な原則である。

ダフ屋は、需要と供給の法則によってチケットの価格を調整することで、富める者の努力が正当に報《むく》われる手助けをしているのだ。

悪徳警察官

はた迷惑な「正義」

名優アル・パチーノの出世作『セルピコ』（シドニー・ルメット監督）は、よく知られるように、ひげ面のヒッピー警察官フランク・セルピコの権力に屈せぬ半生を描いたベストセラー・ノンフィクションの映画化である。セルピコは「仲間を裏切るな」という警察社会の暗黙の掟《おきて》を拒絶し、こう言う。

「警官になるとき、俺たちは法に忠誠を誓った。そこには、警官だけを特別扱いしろなんて書いてなかった」

これは、警察官に憧《あこが》れた純真な子どもの成長物語である。組織の内部に巣食《すく》う汚職と腐敗を目にしたときの衝撃、署内での孤立、警察幹部へのむなしい訴えの数々、仲間たちから投げつけられる侮蔑《ぶべつ》と憎悪の経験がたんたんと綴《つづ》られ、幼いころの憧れはやがて幻滅へと変わっていく。

この作品に一貫しているのは、正義の味方と悪漢が対決する構図である。前者は、主人公であるセルピコと、不正を告発し〝正義〟の回復を目指す彼を陰で支える数人の良心的な警察官である。後者は日常的に賄賂《わいろ》を受けとり、告発を逃れようと画策する大多数の警察官である。

だが、この構図には明らかに疑問がある。

三枚の一〇〇ドル札が入った封筒が物語のなかで重要な役割を果たす。賭博《とばく》の元締めである「ユダヤ人マックス」が、セルピコに渡したものだ。彼は何人かの上司にこのことを訴えるが、警察官への収賄《しゅうわい》未遂に興味を示した者はだれ一人いなかった。

ユダヤ人マックスは、なぜ嫌がるセルピコに賄賂を押しつけようとしたのだろうか。

その理由はユダヤ人マックスが、セルピコやほかの〝正直な〟警察官の犠牲者だからだ。彼は、大人が合意のうえで自発的に参加する娯楽サービス（すなわちギャンブル）を提供しているだけであるにもかかわらず、賭博取締法によって不当な扱いを受けている。セルピコたちは彼に嫌がらせをし、追いかけ回し、身柄を拘束し、誘拐して牢屋《ろうや》に放り込む。賄賂は、彼が身を守るためのたったひとつの武器なのだ。

わたしたちは、賭博が法に違反する以上、警察官たちのこうした暴力行為は容認されると説明されてきた。法に従うのは、警察官の義務なのだ。しかしナチスは、強制収容所において、同じ理屈を使ってユダヤ人の死体の山を築いたのだ。

セルピコは、息子が非合法な賭博組織の一員になったことを心配する母親から相談を受け、ギャングの一斉摘発に乗り出す。もちろん、母親が子どもを有害な環境から守ろうと努力することになんの異存もない。だが子どもがかかわっているというだけで、大人にとっては本来なら合法であるべき活動を暴力的に禁止するのは、明らかにいきすぎである。

このケースであれば、適切な解決策は賭博組織を壊滅させることではなく、子どもをそこから引き離すことである。セックスや飲酒、車の運転も同じように子どもにとって有害だが、だからといって、法律によって全面禁止すればいいというものではない。

もっともよい警察は仕事をしない警察

映画のクライマックスは、セルピコがドラッグディーラーのアパートに押し入った際、仲間から見捨てられ、顔面を銃撃されて重傷を負《お》う場面である。

ところで、セルピコは警察官になるときに「市民の権利を守る」と誓ったにもかかわらず、なぜ一般市民のアパートに無断で押し入ったのだろうか。もちろん、「ドラッグの売買は法によって禁じられているからだ」と彼はこたえるだろう。

警察官は市民の権利を保護しなければならず、法を守らなければならない。これはだれもが同意する原則だろうが、問題なのは、この二つがしばしば矛盾《むじゅん》することだ。そしてセルピコは、すべてのケースにおいて、後者を選択する。麻薬捜査における悲劇的な出来事は、彼の法に対する過剰な忠誠から生じたものであった。

先に述べたように、法による麻薬の禁止は必然的に末端価格を上昇させ、麻薬中毒者が必要なドラッグを入手するのを著《いちじる》しく困難にする。結果的に、彼らは犯罪に手を染める以外に方途がなくなり、市民社会は危機にさらされる。セルピコは麻薬取引を暴力的に禁じることで、市民社会を犠牲にして、法律を優先したのである。

麻薬や賭博、売春などの取り締まりによって警察官が市民社会に不利益をもたらし、ときには危機に陥《おとしい》れているとするならば、当然のことながら、**「もっともよい警察官は仕事をしない警察**

官」ということになる。大多数の警察官はこの事実にうすうす気づいているので、わたしたち一般市民を守るために職務をサボっている。

担当地域を頻繁に巡回し、市民の権利に干渉する代わりに、多くの警察官は名誉ある方法を選択する――つまりサボる。こうしたサボり（勤務時間内に空き地に停めたパトカーで昼寝するとか）はセルピコを激怒させる。他人の生活にくちばしを突っ込みたがるおせっかい焼きのすばらしき伝統にのっとって、彼は四六時中、街を徘徊《はいかい》し、売春婦に説教し、博打《ばくち》うちを待ち伏せし、麻薬の密売人に嫌がらせをしてまわるのである。

もちろん、だからといってセルピコが有能な警察官であることを否定するわけではない。事実、彼は殺人犯や強盗・窃盗犯、強姦《ごうかん》魔など、街の平和を乱す者たちを次々と逮捕してきた――それも、想像力溢《あふ》れる方法を駆使して。

セルピコはハシディム派（原理主義派）ユダヤ人、ヒッピー、ビジネスマン、麻薬中毒者などに変装して街を歩き、手がかりをつかみ、秘密を暴いていく。これはネクタイにスーツ、トレンチコート、黒い革靴と白のソックスという格好をいまだに手放さないほかの刑事にはできない芸当である。しかしながら仔細《しさい》に観察すると、セルピコのこの活躍は、彼が法と秩序の枠外に出たからこそ可能になったことがわかる。

映画の冒頭に登場する、セルピコがレイプの被害にあった若い黒人女性を救出した事件を例に挙げよう。警察本部から無線通報があったとき、相棒の警察官はパトロール担当外の地区だと言って調査に向かうことを渋った。このもっともらしい理屈を無視し現場に急行したことで、セルピコは被害者を救い、三人のレイプ犯のうちの一人を逮捕する。

警察署の取調室で、若い黒人のレイプ犯が白人の警察官から非人道的な（そして非効率的な）暴行を受けたことに驚いたセルピコは、彼の手錠を外し、コーヒーハウスに連れ出して親身に話しかける。もちろんこれも規則違反であるが、この説得によって、彼は残り二人の共犯者の名前を突き止める。

次いで、セルピコの前に警察の官僚主義が立ちはだかる。ようやく共犯者の居所を突き止め、公衆電話から上司に報告したところ、「担当の刑事が休暇中なので、たとえ犯人を監視下に置いているとしても、逮捕することは認められない」と告げられるのだ。そこでセルピコは、ふたたび規則を無視し、二人の共犯者の逮捕を強行する（彼が犯人を警察署に連れていくと、怒り狂った上司から「おまえの功績にはしないからな」と怒鳴られる。この話には適切な落ちだ）。

こうした活躍がセルピコをヒーローにし、本や映画で人気を博した理由だ。だがこのことは同時に、彼のキャラクターが持つ本質的な矛盾をも示している。

セルピコは売春婦や博打うち、麻薬の密売人――彼らは成人同士の合意に基づく自発的な行為にかかわっている――を迫害するが、それは法に対する絶対的な献身のためであった。警察官になりたいという子ども時代の彼の夢は、映画のなかでも何度か語られているように、法律に忠誠を誓うことであった。しかしながら、このレイプ事件に見られるように、彼が警察官として正しい行いができたのは、彼が規則を踏みにじったからなのである。このことは彼の英雄的行動すべてにあてはまる。

セルピコとナチ

セルピコと、彼以外の〝ふつうの〟警察官（セルピコは彼らを腐敗していると考えている）とのちがいを考えてみよう。

ふつうの警察官は、二つのタイプに分けることができる。違法行為とはいえ、成人同士が合意のもとで自発的に行う取引を邪魔しようとはせず、金を出されれば黙って受けとる者たち。そして、彼らが違法行為で金を稼《かせ》ぐのを許可し、積極的に賄賂を要求する者たち。

第一のタイプの警察官については、問題となっている行為が法律で禁止されているとしても、本質的には正当なものであるならば、その行為を見逃す代わりに金を受けとるのはなんら非難されるにあたらない。賄賂を受けとるのは、論理的には、プレゼントを受けとるのとなんのちがいもない。そして、誕生日にプレゼントを受けとるのは違法ではない。

しかしながらここで、「たとえ悪法であっても法を犯すことは認められない」と反論する者が現れるにちがいない。「われわれには都合のいい法律だけを選《え》り好みする権利はなく、すべての法に従わなくてはならない。法に背《そむ》くことはそれ自体が悪であり、同時に、社会を混乱へと陥れる先例を残すことになる」などと言うのだ。

だが、「法に背くこと自体が悪だ」との主張には同意しかねるものがある。ナチ強制収容所の経験がわたしたちに教えてくれた事実は、それとはまったく逆だ。そこで得た教訓とは、「**法そのものが邪悪であるならば、その法に従う者も邪悪である**」ということだ。

「特定の法に従わないのは社会を混乱に導く悪《あ》しき先例をつくる」との主張も、同様に理解しがたい。「悪法に従わない」との先例は社会を混乱や大量殺人に導いたりはせず、逆に、道徳の確立につながるからだ。こうした先例がナチスの時代に広く認められていたならば、強制収容所の看守たちは法に従うことを拒否し、憐《あわ》れなユダヤ人をガス室に送ったりはしなかっただろう。

凡人には法を選《え》り好みする権利はない？　それもまた愚問だ。権力者であろうがホームレスであろうが、わたしたちはみな凡人以外の何者でもない。

法に背く行為もある場合は適正であり、それを黙認する警察官は正しく職務を遂行している。したがって、同僚を迫害するセルピコの行動は、とうてい同意できるものではない。

次に、セルピコが激しく非難した第二のタイプの警察官を検討してみよう。彼らは違法行為を黙認し、出された金を受けとるだけでなく、積極的に市民に賄賂を要求していた。

辞書によれば、「ゆすり、たかり」とは「征服者が被征服者の富を略奪するように、暴力、脅《おど》し、権力の濫用《らんよう》など違法な手段によって無理矢理金を取り立てること」となる。一般に恐喝は卑《ひ》劣《れつ》な行為と見なされており、この警察官たちもその例外ではない。とはいえ、このことは弱者にたかる警察官へのセルピコの攻撃を正当化しない。

法的には禁じられているが道徳的には完全に正しい行為に対して、警察官がとるであろう四種類の態度について考えてみよう。

①無視する。
②黙認する代わりに賄賂を受けとる。
③黙認する代わりに賄賂を要求する（これがたかりだ）。
④法にのっとって禁止する。

このなかでは、もちろん四番目が最悪だ。たまたま法によって禁じられているというだけで、道徳的な活動を完全に封じてしまうのだから。

セルピコがナチ強制収容所の看守であったなら、命令に従って囚人を拷問《ごうもん》することが彼に与えられた義務だと考えるだろう――「法と秩序」を至高の価値だと考えたドイツ人のように。自らの職務をまっとうする看守セルピコは、収容所に蔓延《まんえん》する腐敗を一掃《いっそう》しようと大活躍するだろう。そして、(1)命令に従うことを拒否する、(2)命令に従うことを拒否し、囚人たちから金を受けとる、(3)命令に従うことを拒否し、囚人たちに金を要求する（すなわちたかる）仲間たちを当局に密告するにちがいない。

拷問をしないことと引き換えに囚人たちにたかるのは、言うまでもなく不道徳である。だがその金を受けとらず、命令に従って彼らをガス室に送り込むよりはずっとマシである。

10000
ミツオ
GL77777P

ニセ札づくり

ニセ札で損をする人、しない人

辞書によれば、「偽造」とは「所有者の権利を侵害して違法に製造されたもの。金銭を詐取《さしゅ》する目的で、本物と偽《いつわ》ってコピー商品を売りつけること」だ。となると、偽造は詐欺《さぎ》の一種ということになる。

たとえば詐欺師は、本物そっくりに描かれた絵画を巧妙に売りつけ、大金をだましとろうとする。コピー商品の業者は、偽《にせ》ブランドのバッグや時計を販売して儲《もう》けようとするだろう。ところがニセ札づくりの場合、事情は若干異なる。彼が偽造するのは絵画や時計やバッグなどではなく、紙幣そのものだからだ。

すべての詐欺がそうであるように、「ニセ札」というコピー商品をつくるのも泥棒の一種である。だがそこには、ちょっとばかり複雑な問題がある。

ニセ札づくりの社会的影響は、それがどこでバレるかにかかっている。もしもすぐに事件が発覚すれば、話はとても簡単だ。

次ページの図を見ていただきたい。

もしもはじめて偽造紙幣を使おうとしたときにバレれば、ニセ札犯はその場で逮捕され、ニセ札は処分され、それで終わりである（**ポイント1**）。

一郎さんがニセ札を受けとってしまい、それを使う前に気づいたならば、一郎さんがニセ札づ

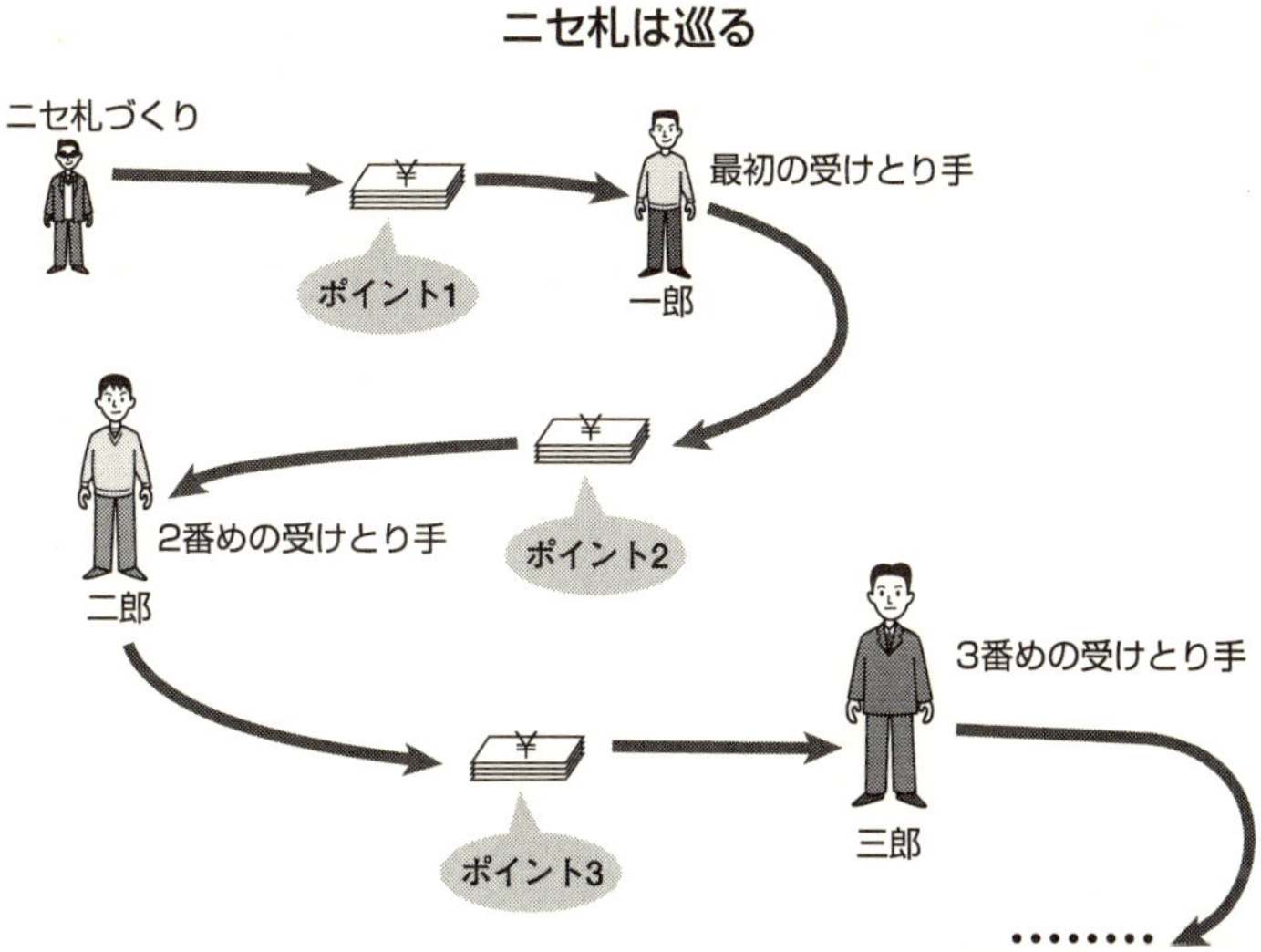

くりの被害者ということになる（**ポイント2**）。一郎さんはその紙切れでなんらかの財やサービスを手に入れるのをあきらめざるをえず、ニセ札は破棄され、彼の手元にはなにも残らない。

ニセ札を受けとった一郎さんが、そうとは気づかずに二郎さんに渡し、そのあとで発覚したならば、二郎さんが損をすることになる（**ポイント3**）。二郎さんは、ニセ札の対価としてなんらかの財やサービスを一郎さんに提供したにもかかわらず、その紙切れではなんの見返りも得られないのだ。

ニセ札をつかまされた二郎さんが一郎さんを探し出し、文句を言った場合は、事情はすこし複雑になる。一郎さんはそれがニセ札であることを知らず、なにも悪いことはしていない。二人が常識人であれば、「しようがないから損を折半して、あとはきれいさっぱり忘れよう」ということになるかもしれない。

もちろん二人が協力してニセ札犯を見つけ、損害を賠償させれば、話は最初に戻って、どこにも損は発生しない。その反対に、だれからニセ札をつかまされたのかまったくわからなければ、そのニセ札がこれまでどれだけ使用されてきたかにかかわらず、最後に持っていた人がババを引くことになる。

それでは、ニセ札があまりにも巧妙につくられており、だれもそのことに気づかなかったらどうなるのだろう?

もちろん、ニセ札による損失は発生する。だが損をするのは個人ではなく、多少複雑な経路をたどるが、社会全体なのである。

この損失は、すぐには目に見えない。ニセ札を受けとったことで丸損する人はどこにもいないのだから。

しかし、考えてみてほしい。ニセ札犯は、なんの対価も支払わず、利益を手にしているのである。だとすれば、どこかに損をした人がいるにちがいない。

本物とまったく見分けのつかないニセ札は、物価の上昇によってその影響を社会にひろげていく。財やサービスの量は一定にもかかわらず、ニセ札によって通貨の流通量が増えるのだから、モノの値段は必然的に上がっていくほかかない。

ニセ札による物価の上昇は一気に起こるのでもないし、規則正しく上がっていくわけでもない。池に投げ入れられた小石が波紋を描くかのように、市場に浸透していくのだ。

ニセ札は、それが最初に使われた場所ないしは業界の物価を上昇させる。それはある特定の業界に、ニセ札がなければ使われるはずのない〝余分な〟カネを持ち込むことになるからだ(どこかの町で大量のニセ札が出回れば地域の物価は上がるだろうし、巨額のニセ札が自動車の購入だけにあてられれば車は値上げされるだろう)。

このことから、最初にニセ札を受けとった一郎さんは得をしていることがわかる。ニセ札をつかまされた彼は、そうとは知らずにそれを使った。その結果、最終的には物価は上昇するのだが、その時点では価格はもとのままだ。ということは彼は、実際に支払った金額と、本来なら支払わなければならないはずの将来の物価との差額のぶんだけ、利益を得ているのだ(もっともその額は、ニセ札犯が手にした利益とは比較にならないが)。

二番めにニセ札を受けとった二郎さんも、次に受けとった三郎さんも、ニセ札を最初のころに受けとった人はすべて、同様の理由で得をしている。通貨の流通量が増大して物価が上昇する前にニセ札を使うことができたからだ。

だがいずれ、均衡点がやってくる。ある人がニセ札をつかまされた時点では、それを物価のまだ上昇していない場所で使う機会がわずかに残されている。ある人がその機会を活かせばほんのすこし利益を得るだろうし、そうでなければほんのすこし損をするだろう。この均衡点でニセ札を受けとった人は、大きく儲けることもなければ、大損することもない。

ニセ札をこの時期よりあとに受けとった人は、みんな損をする。彼らがそれを使う前に、物価は上昇してしまっているからだ。ニセ札がようやく彼らのところまで届いたころには、彼らは〝負け組〟になっている。

未亡人や退職者は、常にニセ札で損をする負け組である。彼らの収入は定額であり、インフレの前にはなす術《すべ》もない。

最初のニセ札は国家がつくる

ここまで述べたことが正しいとするならば、なぜニセ札づくりをヒーローなどと呼べるのだろうか。

①ニセ札であることがどこかで発覚したならば、ババをつかんだ人は金をだましとられることになる。

②ニセ札であることが発覚しなければインフレを引き起こし、わたしたちのほとんどが損をする。

こんなことをしでかしてヒーローだなんて、理解を超えていると言われてもしかたがない。ニセ札づくりをわたしが「ヒーロー」と呼ぶのは、じつは、彼らよりもずっと前にニセ札をつくって儲けている奴らがいるからである。

ニセ札づくりが偽造したのは本物のお金ではなく、ただの紙切れであり、それ自体が「ニセ札」だとしたらどうなるだろう。当然、次のような疑問がわく。

本物のお金を偽造するのは泥棒と同じである。だからといって、「ニセ札」を偽造するのも泥棒なのだろうか？

だれかが正当に所有しているモノを奪うのは泥棒であり、その行為は悪である。しかしながらこの定義は、不正な手段（盗みとか）で得たモノを奪った場合にはあてはまらない。泥棒から盗むことを「泥棒」と呼ぶのは、どこかヘンだ。ある行動が明らかに泥棒の定義にぴったりでも、被害者が奪われたモノに対して正当な所有権を持っていない場合は、それを「泥棒」と呼ぶのは不適当なのだ。

もしも二郎さんが一郎さんからなにかを盗み、三郎さんが二郎さんからそれを取り上げたならば、わたしたちは三郎さんをカツアゲの罪に問うことができない（話を簡単にするために、三郎さんはそれが一郎さんのものだとは知らないとする）。**暴力的な所有権の移転が不適正と見なされるのは、もとの所有者が正当な権利を保有している場合のみである。**もしそうでないならば、その暴力行為はだれの権利も侵害していない。

同様に、本物のお金を偽造することが違法だからといって、偽造されたお金を偽造することが違法であるとは言えない。ということは、もしも「本物のお金」とされているものがニセ札だったなら、ニセ札づくりたちの行為は罪に問われないし、それればかりか、彼らこそがヒーローだと見なすこともできる。

「偽造されたお金を偽造することは違法ではない」という主張を裏づけるために、それが違法行為としての「偽造」にあてはまるかどうかを見てみよう。

ふたたび辞書の定義に戻れば、「偽造」とは、(1)「所有者の権利を侵害して製造されたもの」で、(2)「本物と偽ってコピー商品を売りつけること」だった。

しかし、もしもコピーされたのがニセモノだったならば、偽造犯は「本物と偽ってコピー商品を売りつけた」ことにはならない。彼はただ、ニセモノの代わりに別のニセモノを売りつけただけである。

「権利の侵害」にしても話は同じだ。ニセモノに権利などあるはずもなく、ニセモノのコピーをつくった偽造犯はだれの権利も侵害していない。

ニセ札づくりが偽造している紙幣は、じつはそれ自体がニセ札である。**最初のニセ札づくりは民間人ではなく、国家によって行われたのだ。**

こうしてニセ札は誕生した

わたしは真面目な話をしているのだから、鼻で笑ったりしないでほしい。

受け入れがたいかもしれないが、あらゆる国家が本物のお金（金や銀）のニセモノをつくっている。そればかりか、すべての国家は本物のお金の使用を禁止し、ニセ札の使用のみを許可している。これはようするに、民間の〝ニセ札づくり〟会社が自分たちのニセ札を流通させるだけでなく、それ以外のお金の流通を禁止するようなものだ。

国家が介入する以前の金融制度を考えてみよう。そこでは金や銀（あるいはそれらを担保とした証書）が貨幣として流通していた。国家はこの制度に容易に手を突っ込むことはできず、法定通貨（皇帝や国王、大統領などによって強制された通貨であり、人々によって自発的に望まれたものではない）を押しつけることもできなかった。人々はそのようなものをお金とは認めなかったし、せっかく手に入れた金や銀を手放そうとも思わなかった。そこで国家は漸進《ぜんしん》主義的な手法を採用して、金融制度を支配しようと乗り出したのだ。

金《ゴールド》が唯一の貨幣であったときには、民間の業者が金の延《の》べ棒《ぼう》から金貨を鋳造していた。金貨の目方は鋳造工によって量《はか》られ、その正確さと公正さこそが彼らの信用の源《みなもと》であった。

〝国家によるニセ札づくり〟ステップ1は、金貨の鋳造を独占することであった。国家は、「金貨の鋳造は主権の領域であり、どこの馬の骨ともわからない民間業者にこのような重要な仕事を任せておくことはできない」と主張した。こうして国家は、貨幣の鋳造を国有化した。

ステップ2は、金貨の価値を引き下げることである。金の重量と質を保証すると称して国王の肖像が刻印されたのち、金貨はこっそりと水増しされた（「王様の顔は金よりも価値がある」とか言って）。こうして、国家によるニセ札づくりがはじまった。

ステップ3は、金貨が表面に刻印された数字によって――含有されている金の分量には関係なく――流通し、取引されるような法律を制定することであった。「一〇オンス」と刻印された金貨は、実際の重さが八オンスであっても、金一〇オンスぶんの借金の返済に充《あ》ててよいと認められた。当然、債権者は声をそろえて反対したが、彼らの抵抗は裁判所によって一蹴《いっしゅう》された。この法律の目的は、もちろん国家によって偽造されたお金を受けとらせることである。

だが国家はすぐに、これがそれほどうまみのある商売でないことに気づいた。金貨の水増しには限界があるのだ。本物の金貨を記念コイン（刻印された数字よりも金の含有量が少ないコイン）にすこしずつ置き換えていっても、満足する儲けは得られない。国家がすべての金を保有したとしても、そこから水増しできる貨幣の量には限界がある。そこで、ニセ札づくりの潜在効果をさらに拡大すべく、あらたな模索が始まった。

紙幣の登場と「文明的」ステージ

こうして、ステップ4が発動された（といっても、これは厳密に時系列に沿った説明ではない。話をわかりやすくするための工夫と思ってほしい）。政府は金貨を（金を含む）記念コインに置き換えるのをやめて、貴金属として価値のないコインを貨幣と称して製造し始めたのである。このようにして、コインに含まれる金の分量も、国家が保有する金の延べ棒の総量も、さらには金の埋蔵量も、もはや国家によるニセ札づくりを阻《はば》むものではなくなった。

この大革新によって、国家によるニセ札づくりはステップ5の「文明的」ステージに突入した。コインよりもっと簡単に製造できる紙幣を、際限なく印刷し始めたのである。印刷機はうなりをあげて紙幣を吐き出し、ニセ札によるインフレーションに脅《おびや》かされる新しい世界が始まった。

ステップ6として、国家はニセ札づくりにさらなる強壮剤を投入した。コインの偽造を「改良」してニセ札を印刷するだけでなく、銀行預金を乗っ取ることによってさらなる改良を加えようと試みたのである。

近代的な貨幣経済（ニセ札経済）においては、預金通貨（銀行の預金口座に蓄《たくわ》えられたお金）は現金通貨（紙幣とコインの合計）をはるかに上回っている。預金高に応じて、銀行は自ら預金を創造することができるからだ。したがって金融制度を支配することで、貨幣の発行を独占する以上に、国家はニセ札づくりを拡張することができる。

＊銀行による預金の創造について簡単に説明しておく。たとえばここに、毎月一〇万円ずつ預金が増えていく銀行があるとする。この銀行がある会社に一〇〇万円を融資し、この会社の法人口座に融資額を振り込む（この場合、銀行は会社の口座に入金額を書き込むだけなので、一円の金も使ってはいない）。この会社が経費として毎月一〇万円ずつ預金を引き出していくとすると、この出金は毎月の預金額の増加分で充当できる。すなわち、預金と出金の時間差を利用して、銀行は魔法のように、なにもないところから一〇〇万円の預金を創造したのである（訳者註）。

国家はふたたび、「自由な市場は信用できない」と言い募《つの》り、中央銀行を設立した。中央銀行は紙幣の独占発行権と、金融市場を操作するさまざまな道具（公定歩合の決定、公開市場操作、市中銀行への貸付など）を与えられ、金融制度全体が協調してニセ札づくりに邁進《まいしん》できるようにした。

ところで、国家が紙幣の発行を独占し、自由にニセ札をつくるようになると、目の前を一匹のハエが飛び回ることになった。この邪魔なハエを追い払うために、国家はステップ7の導入を余《よ》儀《ぎ》なくされた。

国家によるニセ札づくりが生み出した新たな問題とは、次のようなものである。

前述のように、ニセ札は物価の上昇、すなわちインフレを引き起こす。このインフレの度合いは、当然、国家がニセ札を印刷する枚数によって異なることになる。

たとえば、A国がB国よりも多くのニセ札を発行すれば、A国の物価はB国よりも早く上昇するだろう。そうなると、同じ商品でもA国のほうが値段が高く、B国は割安なのだから、A国はB国からモノを買いやすくなる一方、B国に対してモノを売りにくくなる。このようにしてA国の輸入額が輸出額を大きく超過すると、この貿易不均衡は、（金本位性のもとでは）A国からB国への金の流出を招くことになる。しかし金の量には限界があり、こんなことはいつまでもつづかない。

＊これは一九七一年のニクソンショックにおいて現実化し、巨額の貿易赤字によるドル危機を回避するため、当時のニクソン大統領はドルと金との兌換《だかん》を停止した（訳者註）。

この問題については、いくつかの対処法が考えられる。A国が輸入に対して税金（関税）をかけるかもしれないし、B国が輸出に対して輸出税を課すかもしれない。両国のあいだで話し合い、ある量を超えたら貿易を制限する、ということも考えられる（日米自動車貿易摩擦などがこの典型）。A国が通貨を切り下げて輸出を容易にし、輸入にブレーキをかけたり、逆にB国が通貨を切り上げて逆の効果を期待するかもしれない。

しかしながら、これらの対処法にはすべて問題がある。

関税や輸入量の割り当ては、自由な貿易や国際間の分業を阻害する。頻繁な通貨の切り下げや切り上げは、市場が長年にわたって築きあげてきた国際貿易の秩序を混乱に陥《おとしい》れる。そのうえ、これらの対症療法では貿易の不均衡は解決せず、通貨の価値が変動するごとに世界的な通貨危機が起こることになるだろう。

インフレにおびえつづけるか、ニセ札づくりをやめるか

世界はいま、この七番めのステージにある。その行く末を予想するのは難しいが、二つの可能

性が考えられる。

ひとつは、複数の通貨を統合してひとつの世界通貨をつくることである。世界の主要なニセ札づくりたちが集まって、彼らが引き起こした災厄について話し合う（とはいえ、もちろん彼らが自分たちの〝犯罪〟を反省することはない）。

彼らは一国の中央銀行制度（たとえば米国の連邦準備制度）を世界規模に拡張することを目論《もくろ》むだろう。この強力な世界中央銀行は、各国の中央銀行がそれぞれの国の金融機関に及ぼすのと同じ影響力を、世界中の金融機関に及ぼすようになる。世界中央銀行が唯一のニセ札の発行元になれば、通貨供給量はどの国でも同じになり、インフレ率はやがて平準化されるだろう。だが各国の国粋主義的なニセ札づくりたちが自分たちの既得権を手放そうとしないため、それはずっと先の話にちがいない。

＊この指摘は、ＥＵによる統合通貨ユーロの導入によって一部現実化された（訳者註）。

もうひとつは、シカゴ大学のミルトン・フリードマン教授が提唱する変動相場制の導入である。

変動相場制のもとでは、二国間の通貨の価値に齟齬《そご》が生じれば、その差異は為替レートの変動によって自動的に調整される。これは固定相場制のもとで、各国の通貨当局者が額を寄せ合って為替の調整を議論するのと比べて、驚くべきちがいである。

変動相場制のもとでは、もしA国のインフレ率がB国よりも高ければ、A国の通貨の供給過剰が為替レートを引き下げ、輸入を減らし、輸出をより魅力的なものにするだろう。固定相場制に対する変動相場制の決定的な優位性は、為替レートの調整が自動化されていることにある。それによって、固定相場制のもとでは、通貨の価値が変動するごとに引き起こされてきた通貨危機を回避できるのである。

＊一九九七年のアジア通貨危機も、九八年のロシア経済危機も、自国通貨を米ドルにペッグ（固定）していたことから発生した（訳者註）。

しかしながら、世界中央銀行も変動相場制の導入も、国家によるニセ札づくりの悪影響をうわべだけとりつくろうにすぎない。そして皮肉な話だが、この悪影響はじつはよいことでもある。身体の痛みが深刻な病気の警告であるように、貿易収支の不均衡は国際的なインフレの前触れでもある。世界経済にとっても、それぞれの国の経済にとっても、ニセ札づくりをつづけてインフレの脅威におびえるよりも、すべての国がきれいさっぱりニセ札から足を洗ったほうがずっと健全なのだ。

史上最大のニセ札犯罪組織を一網打尽にする方法

「ニセ札づくり」と聞くと、だれもが『Tメン』（偽造紙幣摘発の使命を帯びた財務省Treasury特別捜査班の活躍を描く一九五〇年代のテレビシリーズ）を思い出すだろう。ダークスーツにレイバンのサングラスというFBIスタイルでバッチリきめ、ニセ札犯を容赦なく追い詰める「腐敗を許さない」タフな法の執行官たち。物語はいつも、財務省の石段をさっそうと降りてくる彼らの雄姿の俯瞰《ふかん》から始まる。そのまま回れ右して石段を駆《か》け上がり、オフィスに乗り込んで上司に手錠をかければ、史上最大のニセ札犯罪組織を一網打尽《いちもうだじん》にできただろうに。

民間人のニセ札づくりをヒーローだと主張するためには、以下の三つの条件を満たしていなければならない。

①その行為が無実の人々のいかなる行為も侵害していないこと。
②その行為が多くの人々に利益をもたらすこと。
③自分自身が大きなリスクを背負ってその行為を行うこと。

第三の点については、疑問の余地はない。「NNGO（ニセ札非政府組織）」は大きなリスクのもとに運営されている。政府は彼らの行為を違法だと決めつけ、逮捕のために巨額の懸賞金をかけているからだ。彼らは見つかりしだい拘束され、起訴され、刑務所に放り込まれる。ヒーローの条件たる危険度をクリアしていることは間違いない。

そのうえ民間人のニセ札づくりは、人々に利益をもたらす。NNGOは、もしもその活動が認められるなら、国家によるニセ札づくりのシステムを破綻《はたん》させるにちがいない。NNGOが勢力を増せば増すほど、国家自身によるニセ札づくりの影響力は衰退するからだ。

「民間のニセ札づくりが国家に取って代わったら、いまよりずっと悪くなるのではないか」と反論する人もいるかもしれない。これは、たしかにそうである。

しかしながら民間のニセ札づくりに、国家に匹敵するような大規模な事業を展開できるはずはない。多少の問題は起こすだろうが、しょせんだいそれたことなどできないケチな犯罪者なのだ。だから彼らは、一般人に対して脅威になることもない。

民間のニセ札づくりがいるおかげで、国家によるニセ札づくりの悪が緩和《かんわ》され、抑止される。これが、多くの人々の利益につながる。仮に少数の人々が彼らの行為によって損失を被《こうむ》ったとしても、全体として見れば、ニセ札づくりは害よりも利益のほうが大きい。

そして、このことはぜひ思い出してもらいたいのだが、彼らの行為は詐欺ではないし、不道徳でもない。なぜなら、彼らは本物のお金を偽造して、それでだれかをだまそうとしたわけではないのだから。

どケチ

あの人
たぶん
ケチだよ
うん、
僕もそう思った

スクルージはヒーローだ！

チャールズ・ディケンズが『クリスマス・キャロル』で守銭奴《しゅせんど》エベネゼル・スクルージをひとでなしとして描いて以来、どケチはその打撃から立ち直ることができず、いまだに世の批判を一身に浴びている。

どケチに対する誹謗中傷《ひぼうちゅうしょう》は、経済学の初級教科書にすら出てくる。それによれば、どケチは景気の回復を阻害し、不況の原因をつくり、失業率を上昇させる。かの有名な、というよりいままでは悪名高い「貯蓄のパラドクス」によって、お金の貯《た》めすぎは個人や家計にとっては合理的でも、経済全体にとっては愚《おろ》かな考えだと、経済学部の新入生たちは教えられているのだ。世のケインジアン（ケインズ派の経済学者）は、貯蓄が増えれば増えるほど消費が減り、みんながお金を使わなくなれば仕事も減る、などとほざいている。

われわれは、そろそろこのホラ話から卒業すべきだ。貯蓄には多くの、そしてさまざまな利益がある。

翌年に植えるトウモロコシの種をはじめて保存した洞窟《どうくつ》暮らしの原始人に、わたしたち人類はどれほど感謝してもしすぎることはない。文明の進歩は、富を一気に使い切ることなく、必要なときのためにとっておいた吝嗇家《りんしょくか》、守銭奴、どケチの努力に負《お》っている。

「どケチはふつうの人よりも金持ちであることが多い」というのはもちろん事実である。だからこそ彼らは世の敵意を駆《か》き立て、金を貯めこむという行為そのものがいわれなき汚名を着せられている。だが、この敵意は間違っている。

わたしたちが資本主義経済から得る利益は、どケチがいくら蓄財したかに密接にかかわっている。

たとえば、アメリカ人がボリビア人よりも豊かなのにはいろいろな理由がある。教育や健康、仕事への意欲なども、もちろん重要な役割を果たしている。しかしもっとも大きなちがいは、アメリカ人がボリビア人よりもより多くの資本を貯めこんだことにある。

これは例外的なケースではない。貯蓄は人類の長い歴史を通じて、わたしたちを奴隷《どれい》状態から解放するのに大きな貢献を果たしてきたのである。

ここで、「貯蓄と吝嗇はちがう」との反論があるかもしれない。貯蓄は**「資本の蓄積」**という生産的な行為で、その資本をさまざまな産業に投資して経済を活性化させる。それに対してどケチは金を使わずにタンス預金するだけで、それはなにも生み出さない不毛な行為である――。

彼らは言う。どケチがいると、小売店が受けとるお金が減る。儲《もう》けの減った小売店の親父はアルバイトをクビにし、問屋への注文を減らす。経営の悪化した問屋は従業員をリストラし、メーカーへの発注量を減らす。するとメーカーは経営危機に陥《おちい》り……。どケチのせいでこの悪循環が延々と繰り返されるのだから、彼らは経済の発展にとって邪魔であるばかりか、その身勝手な行動は破壊的ですらある――。

こうしたケインジアンの主張は一見もっともらしいのだが、重要なことを見逃している。それは、**価格の変化**である。

もしもある商品が売れなくなったら、小売店の親父はアルバイトをクビにしたり問屋への注文を減らしたりする前に、価格を下げて販売しようとするだろう（それは歳末セールかもしれないし、優待券かなにかのサービスかもしれない）。商品そのものに欠陥があって売れないのでなければ、この方法で失業と不況の悪循環を断つことができる。なぜだろう？

その定義上、どケチは商品市場でお金を使うのでもなく、資本市場でお金を投資するのでもないのだから、経済学的には、彼らの存在は通貨の流通量を減らす効果を持つ。市場で購入できる財やサービスの量が一定ならば、価格を決めるもっとも大きな要素は商品と通貨の関係だから、理論的には、どケチがいることによってモノの価格は下がっていく。

モノの値段が安くなることに、いったいどんな問題があるというのだろう。ケインジアンの屁理屈とは逆に、どケチではないふつうの人々にとって、あらゆるモノやサービスが安価に手に入るというのは大きな利益ではないだろうか。

どケチが私たちを豊かにしてくれる

価格の低下が不況を招く、というのも俗説である。

二十世紀において、成功した商品の値段はずっと下がりつづけてきた。車やテレビ、コンピュータが最初に登場したときは、その価格は目の玉が飛び出るほどで、とても一般庶民が手を出せる代物《しろもの》ではなかった。技術革新によって値段が下がったことで、ようやく多くの消費者が購入できるようになったのである。言うまでもなく、この価格下落によって不況が引き起こされた、などということはない。

もちろん、なかには損をする人もいる。それは、ケインジアンの分析を信じて、需要が減少しているにもかかわらず値段を据《す》え置いた企業家だ。だがケインズの言うように、そのことによって不景気が引き起こされることはない。なぜなら、彼らはさっさと倒産してしまい、それ以外のビジネスは以前と同じように――だが、以前よりも安い価格で――つづいていくだろうから。不況の種など、そこらじゅうに転がっているのだ。

「どケチは有害で、経済に調整を強《し》いる」という批判はまったく意味がない。もしそれが事実だとしても、市場というものは消費者の嗜好《しこう》の移り変わりによって常に変化していくものなのだから、それをどケチのせいにするのは筋違いだ。もしもこの理屈が有効なら、ファッションだって同じ理由で非難されてしかるべきだろう。猫の目のように変わる流行は、市場に不断の変化を強いるのだから。

どケチが経済に対して有害にはならない理由はほかにもある。もしも彼らが有り金すべてをマットレスの下に突っ込んでいたとしても、彼らの遺産相続人は、その金を使うという誘惑に抗《こう》しきれないだろう。これはいままでもずっとそうだったし、これからも変わらない。

経済学者のなかには、「タンス預金は、銀行に預けておけば本来得られたはずの利息を生まないから無意味だ」と言う人もいる。だがそうなると、財布に入れたお金にも利息はつかないのだから、やはり無意味なのだろうか。

もしもある人が、自分の意思で利息を受けとることを望まず、タンス預金しているのならば、それがいかに馬鹿馬鹿しい行為に思えても、その人にとってはちゃんとした意味があるのである。

世のどケチは、将来使うためのお金を貯めこむのでもなければ、家計の収支のバランスを保とうとしているのでもなく、現金が目の前にあることが楽しいからそうしているのだ。なぜ経済学者は、「効用の最大化」なる屁理屈を使って、この喜びを不毛だなどと言うのだろうか。

稀少な絵画や彫刻を収集する美術愛好家は、自分たちの行為を「馬鹿馬鹿しくて無意味」などと批判されることはない。犬や猫を飼うのは、投資のためではなく、ペットたちから個人的な喜びを得るためである。

趣味や嗜好は人それぞれである。ある人にとっては馬鹿馬鹿しいことに思えても、別の人にとっては人生をかけるような重大事だというのは、よくあることだ。

どケチは、大金を貯めこむことでわたしたちのヒーローになる。

人々は、その結果として生じるモノの値段の下落から大きな利益を得る。同じお金でより多くのモノが買えるのだから、いま持っているお金、これから使おうと考えているお金は、ずっと価値の高いものになる。

「社会を害する」なんてとんでもない。どケチが必死になってお金を貯めるたびに、わたしたちの購買力は上がっていく。

スクルージは、わたしたちの恩人なのだ。

親の遺産で暮らす 馬鹿息子

遺産相続とバースデイ・プレゼント

親の遺産で暮らす人間はたいてい、怠惰《たいだ》で無責任で、自分で稼《かせ》いだわけでもない金で贅沢三昧《ぜいたくざんまい》をする馬鹿息子・馬鹿娘として描かれる。たしかにそのとおりだろうが、だからといってその事実は、ヒーローとしての彼らの役割をすこしも損《そこ》ねるものではない。

相続というのは、ようするに、親から子どもへのプレゼントである。待ちに待った子どもの誕生日とか、毎年の誕生日とか、結婚式とか、結婚記念日とか、クリスマスとかに親は子どもにプレゼントを贈るが、こうした自発的な資産の譲渡が親の死んだ日に行われると、それが遺産相続になる。これらはすべて同じものだから、遺産相続に反対する人は、それ以外の形式のプレゼントにもすべて反対しなければならない。もっとも、そんなことをしようと思う人はごく少数だろうが。

反遺産相続派の人たちの頭のなかには、「悪党が不正に手にした財産を子どもに譲る」というイメージが頑固《がんこ》に張りついている。彼らは「支配階級」の構成員で、まっとうな商売ではなく、公共事業や補助金、さまざまな許認可などを悪用して大金をせしめ、その財産を次世代に残そうとしている――。もしほんとうなら、こんなことを許してはならない。相続の禁止が最良の解決策のようにも思えてくる。

だがちょっと待ってほしい。よくよく考えてみれば、すべてのプレゼントを禁止しないかぎり、相続を禁止することもできないという事実に気がつくはずだ。「相続税を一〇〇パーセントにすべきだ」などとよく言われるが、これはほとんど役に立たない。そのほかのプレゼントが認められているのなら、相続税は苦もなく回避されてしまうだろう。誕生日プレゼントやクリスマスプレゼントの名目でせっせと資産を譲渡したり、財産を信託して、自分が死んだあとの最初の誕生日に子どもに〝バースデイ・プレゼント〟を贈ることだってできるだろう。

不正に獲得された支配階級の富が問題であるならば、その次世代への譲渡を阻止するのではなく、そのような財産を保持できないようにすることのほうがずっと重要だ。相続税の税率を議論する前に、不正な財産を取り上げ、被害者に返還するよう努力すべきだろう。

不幸なユートピア

それでも、「相続税は〝セカンドベスト〟な解決策だ」と主張する人がいるかもしれない。支配層から財産を取り上げるのは容易なことではなく、相続の際に重い税金をかけたほうが現実的だ、と言うのである。

だが、これは矛盾《むじゅん》していないだろうか。「支配層は政治や司法・行政を牛耳《ぎゅうじ》っているから、彼らから財産を奪うのが難しい」と言うのであれば、相続税を百パーセントにするなどという法改正ができるはずはないではないか。

もし仮にこうした法改正が実現したとしても、それを熱望した平等主義者たちが満足することはけっしてないだろう。真の平等主義者なら、金銭の分配だけでなく、非金銭的な分配をも平等に行わなければならないからだ。

ところで、目の見える人と見えない人との平等というのは、どうやったら実現するのだろう。音楽の才能に恵まれた人と手のつけようのない音痴、美男美女とブス・ブオトコ、才能のある奴とない奴……。挙げていけば切りがない。

毎日が楽しくてしかたのない男と、自殺することばかり考えている男がいたとしよう。平等主義者は、彼らのあいだの不平等をどうやって解消するのだろうか。〝幸福すぎる男〟から金を取り上げて、〝不幸すぎる男〟に賠償金として支払うのだろうか。だとすれば、幸福の価値はいくらだろう。〝幸福〟五個に対して年間一万円、とか？

これはようするに、カート・ヴォネガット（アメリカの小説家。代表作に『スローターハウス5』など）の短編小説集『モンキーハウスへようこそ』に出てくる独裁者ハリソン・バージャノンの世界なのだ。

この物語のなかでは、筋力の強い者は、ほかの人たちと釣り合いがとれるように錘《おもり》をつけて生きていかなければならない。音楽の才能がある者は、その能力を「調整」するためにイヤフォンの着用が義務づけられ、四六時中、大音量の雑音を聞かされる。これが、平等主義者がわたしたちを引き連れていく**「ユートピア」**の姿なのだ。相続の禁止は、その第一歩にすぎない。

遺産相続は、わたしたちが知っている文明社会と、平等を害するいかなる才能や幸福も許されない「ユートピア」とのあいだの境界線上に位置している。

もしも「個人」や「文明」に価値があるとするならば、遺産を相続した馬鹿息子・馬鹿娘の彫像を台座に飾ったとしてもけっして不自然ではないのである。

＊相続税や贈与税はグローバリゼーションのなかで存在意義を失いつつある。資産一億円の人は、増税されても黙って税金を払うだろう。資産一〇億円の人は、一生生活に困らないのだから、日本から逃げ出すことができる。資産一〇〇億円の大金持ちは、さっさと日本国籍を放棄してしまうだろう。日本人でなくなってしまえば、もはや税金をとることはできないのだ（訳者註）。

金返せよ

闇金融

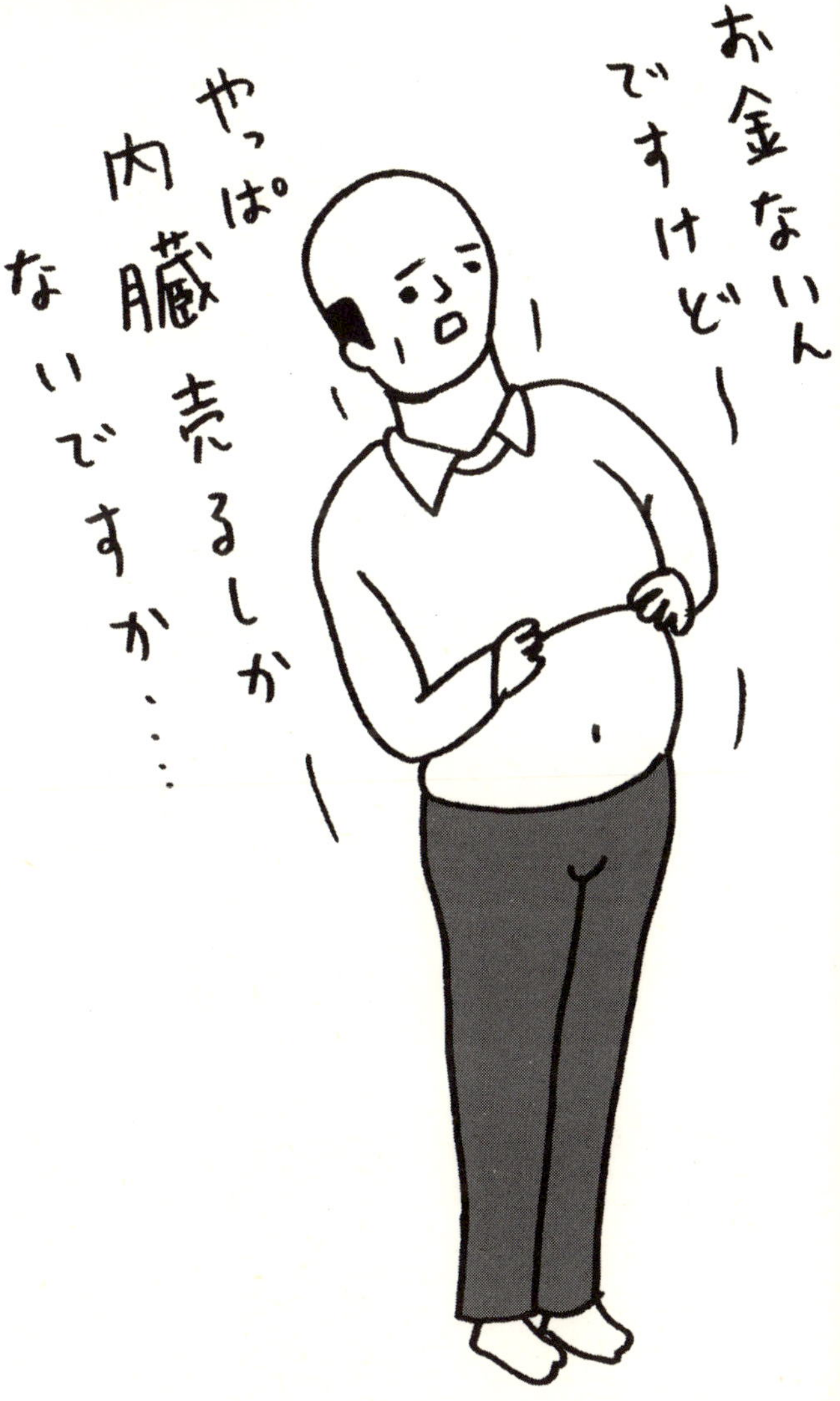
お金ないんですけど～
やっぱ内臓売るしかないですか……

金貸しは正しい

聖書の時代から高利貸しは教会を追われ、侮蔑《ぶべつ》や誹謗中傷《ひぼうちゅうしょう》、迫害や風刺の対象になってきた。シェイクスピアの『ヴェニスの商人』では、高利貸しのシャイロックは借金のかたに一ポンドの肉を取り立てる強欲で非情な男として描かれている。映画『質屋』（シドニー・ルメット監督）でも、高利貸しは嫌悪の対象であった。

消費者金融、商工ローン、闇金融業者などの高利貸しほど、多くの誤解にさらされている人たちはいない。彼らは社会に必要なサービスを提供しているだけであるにもかかわらず、なぜか恐ろしく不人気である。

経済学では、お金の貸し借りを人々の**「時間選好率」**のちがいで説明している。時間選好率というのは、「いま手元にあるお金を、将来受けとることになっているお金と交換するときの割合」のことだ。といっても、なんだかよくわからない人もいるだろうから具体的に説明しよう。

ジャイアンは、「俺はいますぐカネが欲しい。将来のことなんてどうだっていい」と考えているので、来年もらえるはずの二万円にはなんの興味も示さず、いま目の前にある一万円に喜んで飛びつく。この場合、「ジャイアンは高い時間選好率を持っている」と言うことができる。

それとは反対に、世の中には、将来のお金を現在のお金と同じくらい大事にする時間選好率の低い人たちもいる。のび太もその一人で、テーブルの上に一万円札をおかれても、一年待って一万二〇〇円もらえるのならいまは我慢しようと考える（一年後の収入が一万二〇〇〇円より少なければ現在の一万円を選ぶ）。ジャイアンは未来より現在が重要だと思っているが、のび太は現在のために未来の儲《もう》けを見逃すのはまっぴらだと考えている。

　ところで、この時間選好率がマイナスになること、すなわち現在のお金よりも将来のお金が少なくなるのを望むことは原理的にありえない。それは、「ここで一万円をあきらめたら、一年後に九五〇〇円あげるよ」と言うのと同じだからだ（だれだって、いま目の前にある一万円を即座に選ぶだろう）。この奇妙な取引は、時間選好率以外のなんらかの要素を考慮しなければ成立しない。たとえば、いま受けとれば強盗に襲われる危険が非常に高いが、一年後なら安全に受けとれる、とか。

　このように、高い時間選好率を持つ人（ジャイアン）はお金の借り手に、低い時間選好率を持つ人（のび太）はお金の貸し手になる。ということは、ジャイアンがのび太から借金をするのはとても自然なことである。

　ジャイアンは、いますぐ一万円を借りられるならば、一年後に二万円払ったっていいと考えている。のび太は、一年後に一万二〇〇〇円以上もらえるのなら、いま一万円貸してもいいと思っている。もしもこの二人が一年後に一万五〇〇〇円を受け渡すことで合意したならば、この取引から二人は大きな利益を得る。

　ジャイアンは、支払うはずの二万円と実際に支払った一万五〇〇〇円との差額、五〇〇〇円を儲けたことになる。のび太は、実際に受けとった一万五〇〇〇円と、本来であれば値切られても仕方のなかった一万二〇〇〇円との差額、四八〇〇円を儲けたことになる。

お金の貸し借りというのは、取引の一種である。したがってほかの取引と同様に、貸し手と借り手の双方に利益をもたらす。もしそうでなければ、そもそも取引は成立しないだろう。

金貸しは、「自分のお金（もしくは他人のお金）をだれかに貸し出す人」と定義できる。他人の金を貸す場合、彼の役割はお金の貸し手と借り手とのあいだを取り持つブローカーということになるだろう。

ここで重要なのは、どちらのケースでも、金貸しはほかの商売と同様に、まっとうな仕事をしているということである。彼は、金を借りるよう客に強制したわけではないし、客はいつでも彼の申し出を断ることができる。

もちろん世の中にはひどい金貸しもいるが、だからといって職業そのものを非難していいということにはならない。ひどい奴というのは、どこにだっているのだから。

本当の被害者はだれだ？

では次に、金貸し、とくに闇金融業者に対する批判を個別に検証してみよう。

【批判1】闇金はヤクザと同類であり、もしも借金を返済できなければ、簀巻《すま》きにされて東京湾

に浮かぶことになる。

ここで強調しておきたいのは、闇金から金を借りた人は、通常、**合意のうえで業者と契約を交わしている**ということである。「お金はきっと返します」と約束しておいて、そのあとで契約を反故《ほご》にした人間を「被害者」と呼ぶのは不適当である。

この場合、真の「被害者」は闇金融業者である。もしも利息だけでなく元本すら返ってこなければ、彼のおかれた状況は泥棒にあったのと同じである。契約に基づいて金を借り、返済を拒否するのは、金貸しの事務所に押し入って金を奪うのとなんのちがいもない。いずれの場合も、何者かが自分のものではない金を強奪したのだ。

もちろん、だからといって借金を返さない人間を殺してしまうのは明らかにやりすぎである。事務所に忍び込んだこそ泥を殴り殺すのと同様に。

闇金融業者が貸し金の回収に暴力を厭《いと》わないのは、その業界がヤクザに支配されているからである。だがこれは、言うなれば、わたしたちみんなが望んだことなのだ。

裁判所が債務者に借金の返済を命じず、高金利の金を貸すことを禁じるならば、そこにヤクザがつけこんでくる。麻薬、ギャンブル、売春、闇金融……、一定の需要が存在するにもかかわらず国家が法で禁止した商品は、まともな会社が手を出せないのだから、非合法組織が一手に扱うしかない。禁酒法の例を引くまでもなく、これらの〝違法〟商品が本質的に犯罪的なのではない。**国家による法的禁止が、まともな商売をヤクザの独占市場に変える**のだ。

【批判2】そもそも利子をつけてお金を貸すこと自体が「搾取《さくしゅ》」である。闇金融業者の法外な利息は明らかに許容範囲を超えているのだから、非難されるのも当然である。

借金をするのは、なにもブランドものを買ったり、競馬・競輪で散財するためばかりではない。それはたとえば、投資に必要な元金を貯《た》めるのに必要な時間を短縮してもくれる。もしその投資が成功すれば、利息を支払っても十分なほど儲かるだろう。

「法外な利息」については、次のように説明しておこう。

「金利は市場参加者の時間選好率によって決まる」という経済学の常識が理解できれば、自由な市場ではどんな利息もありうる、ということに気がつくはずだ。もしも金利が明らかに高ければ、市場ではそれを引き下げようとする圧力がはたらく。

金利が人々の時間選好率よりも高ければ、借金の需要は供給を下回り利率は自然に下がるだろう。ということは、もしも金利が下がらないのであれば、需要と供給は釣り合っているのだから、その利息はぜんぜん高くないのである。

法外な利息への批判は、「公正な金利」の存在を前提にしている。しかし公正な金利などというものは、「適正な価格」同様、どこにもありはしない。これはわれわれをタイムマシンに乗せて、中世に引き戻すような類《たぐい》の主張である。神学者たちが針の上に何人の天使が乗るかを論争したように、存在しないものについて延々と議論するのだ。

もしもどうしても「公正な金利」を決めたいのであれば、それは「二人の大人が合意のもとに取り決めた金利」としか言いようがない。そしてこれは、**「市場金利」**の定義そのものである。

【批判3】闇金融業者は、貧しい人たちに高利の金を貸すことで彼らを食いものにしている。

「金持ちは高利貸しで儲け、貧乏人が借金で苦しむ」というのはよく耳にする話だが、これは事実に反する。ある人を貸し手にするか借り手にするかは時間選好率のちがいであり、収入の多寡《たか》は関係ない。大企業であっても社債を発行すれば借り手である――なぜなら社債は借金の一種だから。大金持ちであっても、彼が銀行から融資を受けて不動産などに投資しているなら、明らかに貸し手ではなく借り手である。それとは逆に、銀行に小金を預けている未亡人や年金生活者は、銀行を利用した金貸しということになる。

闇金の業者が、貧しい借り手に通常よりも高い金利を課すというのは事実である。しかしこの言い方は、誤解を招きやすい。より正確には、「闇金の業者は、金持ちか貧乏人かにかかわらず、よりリスクの高い――すなわちより返済の可能性が少ない――借り手に高い金利を課す」のだ。

リスクを軽減するひとつの方法は、返済が滞《とどこお》った際に換金できる担保《たんぽ》を押さえておくことだ。

一般に金持ちは、貧しい人々よりも資産価値の高い担保を提供できるので、それに応じて融資金利は低くなる。しかしこれは彼らが金持ちだからではなく、彼らが破産したときに、金貸しが被《こうむ》る損失がより少なくてすむからにすぎない。ここまでの議論には、なんら道徳に反するようなものはない。

貧しい人々の家は、金持ちの邸宅のような防火設備を完備していないとの理由で、より高い火災保険料を請求されている。同様に、不健康な生活を強《し》いられる彼らの健康保険料は高額になり、食料品の価格ですら、貧困地区は高級住宅街のスーパーマーケットより割高になっている。犯罪発生率の高さが、警備費や盗難保険料となって食料品価格に上乗せされるからだ。

こうしたことはすべて、ほんとうに残念なことである。しかしそれは、貧乏人に対する差別の結果ではない。高利貸しは、保険会社や食料品店の経営者と同様に、自らの投資資金を守ろうとしているだけなのだ。

利息制限法で貧しき者はより貧しく……

最後に、法律で定められた金利よりも高利の貸し出しを禁じる利息制限法の影響を考えてみよう。金持ちよりも貧乏人が高い金利を払っているのだから、この法律の影響はまっさきに貧困層に及ぶはずだ。

結論から言うと、この法律は貧乏人に災難を、金持ちに利益をもたらす。法の趣旨は貧しい人人を高利貸しから保護することにあるのだろうが、その結果現実には、彼らはまったくお金を借りることができなくなってしまうのだ。

もしあなたが金貸しで、次のうちどちらかを選べと言われたらどうするだろうか。

①とうてい採算が合わないと思われる金利で、貧しい人に金を貸す。

②そういう馬鹿馬鹿しいことはしない。

こたえは考えるまでもないだろう。

これまで貧乏人相手に商売をしていた金貸しは、利息制限法の制定によって、よりリスクの低い金持ち相手の商売に鞍替《くらが》えするだろう。そうなると、ひとつの市場にすべての金貸しが殺到するのだから、需要と供給の法則で、金持ちはこれまでよりずっと有利な条件で融資を受けることができるようになる。

わたしはここで、法外な利息を法で禁じることが公正かどうかを議論するつもりはない。その法律が、貧しい人々に恐るべき災厄をもたらすことが明らかなら、それで十分である。

慈善団体に寄付しない
冷血漢

慈善という「悪」

ボランティアやNPO、慈善団体に対する賞賛の嵐がわたしたちを取り巻いている。彼らは高潔で、上品で、道徳的で、公正で、尊敬できて、他人を思いやり、だれからも慕《した》われているらしい。ということは、「ボランティアなどクソくらえ」と公言する人間は、軽蔑《けいべつ》、嘲笑《ちょうしょう》、不信の目にさらされ、社会のクズのように扱われることになる。ボランティア活動を拒《こば》むような自己中心的ヘソ曲がりは、だれからも相手にしてもらえないのだ。

「慈善活動に献身せよ」と、ボランティア団体やNPOのリーダーたちが声高に叫んでいる。宗教団体やリベラルなマスコミもその大合唱に加わる。ついでにカルト教団や暴力団、茶髪のフリーターやホームレスまでもが嬉々《きき》としてそれに唱和するだろう。

もちろん、慈善事業に寄付すること自体は「悪」ではない。責任ある大人が自らの意思で決めたのならば、それはだれの権利をも侵《おか》してはいない。

とはいっても、「慈善」を神聖化することには大きな危険がともなう。慈善活動がその根拠としている道徳哲学に深刻な欠陥があるからだ。

慈善がもたらすもっとも大きな悪――それは慈善活動への寄付を拒否する説得力のある理由のひとつでもあるのだが――は、人類の生存競争に干渉することだ。

ダーウィンの「**適者生存**」の原理によれば、与えられた環境にもっとも適した生物が「自然選択」される(出産年齢に達するまでに生き残る割合が少なければ、種を維持するのに十分な子孫を残すことができない)。長期的に見れば、自然界にはより強い適性を持つ種だけが残っていく。

多くの人が誤解しているのだが、これは「強者が弱者を皆殺しにする」ことではない。ダーウィンの進化論はただたんに、「適性の高いものは、適性の劣《おと》るものよりも種の繁殖に成功する可能性が高い」と述べているにすぎない。個体が長生きすれば、当然、種も繁栄するだろう。

「自然選択の理論は文明社会にはあてはまらない」と主張する人たちもいる。人工腎臓や心臓移植手術など急速な医療技術の発達によって、ダーウィン的な「適者生存」は乗り越えられたと彼らは説く。先天的な疾患《しっかん》や遺伝的な障害によって長く生きられなかった人たちも、今日では結婚し、家庭を営《いとな》み、子どもをつくれるようになっている。

しかしながらこれは、ダーウィンの進化論が無効になったということではない。科学の発展はダーウィンの法則を時代後れにしたわけではなく、その適用対象を変えたのだ。

過去において、人類の生存競争にとって負の要因だったのは、たとえば心臓の欠陥や腎臓の障害であった。そして喜ばしいことに、近代医学の進歩がこうした肉体的障害を、「自然選択」にとってますます重要でないものにしている。

では、その代わりいったいなにが選択基準になったのだろう。

それは、**この混雑する惑星で生きていくための能力**である。

たとえば、やたら他人の議論に口を出したがったり、まわりじゅうにケンカをふっかけてまわる人は、生存に関して大きな障害を負《お》っている。彼らは無事に大人になれるかどうかもわからず、仮に成年に達したとしても、結婚や就職は難しいだろうから、子孫を残す可能性が低い。そしてもし、ダーウィンの「適者生存」原理が彼らを駆逐《くちく》するならば、世の中からこうしたうっとうしい性向は消滅するにちがいない。ところが慈善団体の介入によって、彼らの性向は次世代へと引き継がれていくのである。

福祉は救済でなく抑圧

こうした慈善活動の悪影響は明白であるが、それが個人的に行われるのなら、その慈善行為もまたダーウィンの法則によって制限されることになる——すなわち慈善運動の担《にな》い手は、いずれ自分たちが蒔《ま》いた種を刈《か》ることになる。このようにして、まるでアダム・スミスの言う**「見えざる手」**に導かれるように、彼らは慈善活動から身を引いていくのである。

たとえば「子どもをメチャメチャ甘やかす会」という慈善団体があるとする。この団体の参加者は子どものしつけを放棄するから、その影響はやがて自分たちにふりかかってくる。そして甘やかされた悪ガキの群れを目の前にして、自分たちの〝善意〟が間違っていたことに気づくのだ(六〇年代のヒッピーの親がこの典型である。彼らは子どもたちが反戦平和を叫んでいるうちは支援を惜《お》しまなかったが、矛先《ほこさき》が自分たちに向かうようになると、掌《てのひら》を返すように彼らを放り出した)。

私的な慈善は、財政的な面でも限界を抱えている。どんな金持ちであっても、その富は無限ではない。しかしこれが公共の慈善となると、話は変わってくる。

公共の慈善、すなわち「福祉」には上限というものが存在しない。その悪影響が明白でも、政府の福祉予算が減額されることはめったにない。その原資は、嫌がる大衆から税金を巻き上げる国家の能力のみによって制限されているからだ。

その好例が、アメリカが五〇年代、六〇年代に行った海外援助プログラムである。

アメリカ政府はまず、国内の農産物を市場価格より高い値段で買い上げた。当然、農業生産者はできるだけ多くの農作物を政府に買いとらせようとするから、国内には余剰農産物が溢《あふ》れ、さらなる予算を割《さ》かなくてはならなくなった。

次いでこの大量の農産物は、インドなどの発展途上国に送られた。その結果、低価格で市場に流れ込む補助金つき農産物によってその国の農業は壊滅的な打撃を受けたのである（援助物資のパンが一斤《きん》一〇〇円で買えるというのに、いったいだれが国内産のパンを一斤一〇〇円で買うだろう）。

それ以外にも、国家による「慈善」の悪影響は多くの社会学者によって指摘されている。ウィリアム・ドムホフはその著書『現代アメリカを支配するもの』のなかで、失業保険や労災などの社会福祉、すなわち国家による慈善事業は、多くの人が信じているように労働者階級の要望にこたえたものではなく、富裕な人々によって、彼ら特権階級の利益を増大させる目的で導入されたと述べている。こうした〝国家―企業〟型の福祉プログラムの目的は、富裕層から貧困層へ富を再分配することではなく、労働者階級の潜在的なリーダーを買収し、彼らを「支配の構図」のなかに組み込み、知識人を動員して、なにも知らない大衆に「国家による福祉は君たちの利益になる」と吹き込むことだったのだ。

同様に、ピヴン&クロワードが『貧民の統制』で指摘しているように、社会福祉制度の主要な目的は貧困層の救済ではなく、むしろ抑圧にあった。その手口は簡単で、福祉予算は貧困層がそれを必要としているか否《いな》かに関係なく、社会が不安定化すれば増額され平穏に戻れば減額されてきた。**福祉とは、大衆を支配するために権力者が用意した「パンとサーカス」**であったのだ。

慈善の背後にある狂った哲学

慈善の及ぼす数々の悪影響にもかかわらず、ボランティアを善行、寄付を道徳的義務と考える困った人たちが世の中にはいっぱいいる。最近では、この人たちは「ボランティア活動を学校の授業に取り入れよう」などと言っている。しかしながら強制された活動は、そもそもボランティアではない。ボランティアとは、その名のとおり**自発的**(voluntary)なものだからだ。寄付にしても同じで、もしも募金が強制されたならそれは路上で強盗にあったのとなんら変わらない。

ボランティアを強制しようと望む人たちにとって悩ましいのは、慈善活動が「汝《なんじ》、持たざる者に与えよ」という宗教的責務というか、道徳的義務のようなものと一体化していることだろう。これはもちろん、**「人類みな平等」**という前提からの当然の帰結である。

しかしこのことは、「人は常に道徳的に振る舞うことができる」という、道徳に関する別の重要な定義と矛盾《むじゅん》してしまう。

たとえば北海道と沖縄に二人の知人がいて、どちらも同時にあなたの助けを求めているとしよう。遠く離れた場所にいる二人の人間を平等に助けることはできないが、「人類みな平等」型の道徳哲学は助けを求める二人を差別することを許さず、その結果、あなたは二人のうちどちらを選んでも「道徳的」であることはできない。とはいえこれは明らかにヘンである。道徳哲学のせいで善意の市民が「道徳的」になれないのなら、もともとの道徳哲学が間違っているのだ。

「人類みな平等」型の道徳哲学の第二の欠陥は――それを支持者が自覚しているかどうかは知らないが――**「完全なる富の平等」**を要求されることだ。この哲学は、「より多く持つ者は、持たざる者にその富を分け与えよ」と説く。

たとえば、のび太は一〇〇万円の貯金を持っているが、ジャイアンには五万円の蓄《たくわ》えしかないとしよう。そこで親切なのび太は、ジャイアンに一〇万円を寄付した。これでのび太の貯金は九〇万円、ジャイアンの蓄えは一五万円になった。

あなたは、のび太が「人類みな平等」の精神で善行をほどこしたと思うかもしれない。だがこの道徳哲学は、すべての人に、「より貧しい者に分け与えよ」と義務づけている。そしてのび太はいまでもジャイアンよりお金持ちなのだから、「人類みな兄弟」の理想を実践するためには、のび太はふたたびジャイアンに自分の財産を寄付しなければならない。ということで、この「善行」は、のび太とジャイアンの貯金が同じになるまでつづけられるだろう。

うさんくさい平等主義者

「完全なる富の平等」という教義は、「人類みな平等」という道徳哲学から必然的に導き出されるものなのだが、それを実現しようと思えば、「すべての人が持つことを許される財産は、この世界のもっとも貧しい人が稼《かせ》げるお金と同額である」という妙なことになってしまう。これは「もっと豊かになりたい」という、人々の自然な感情と真っ向から対立するだろう。ある道徳哲学の信奉者が、理屈とそれが引き起こす結果とのあいだの決定的な矛盾に引き裂かれてしまうとき、われわれはそれを**「偽善」**と呼ぶ。

「それはいくらなんでも言いすぎではないのか」と思うのならば、教えてほしい。世界の三分の一が飢餓《きが》に苦しんでいるにもかかわらず、「人類みな平等の理想を実現しよう！」と声高に叫ぶ者の冷蔵庫には食料が溢れんばかりに詰め込まれ、テレビやステレオや自動車や宝石を持ち、豪邸に暮らしているとしたら、いったい彼を「偽善者」以外のなんと呼べばいいのか。彼らは、自分が「平等な理想世界」の実現に貢献しているのだと吹聴《ふいちよう》しながら、自分たちの富がこの「理想」に反することをぜったいに認めようとしないのだ。

「仕事を維持し、貧しい人々を支援するために、彼らにはある程度の資産が必要なのだ」と弁護する人もいるかもしれない。たしかにこれはもっともな話だ。富と力がなければ、「人類みな平等」の理想を実現することなどできるはずもないだろう。どれほど厳しい道徳哲学でも、その実践者に餓《う》え死《じ》にするよう求めることはあるまい。

ところがこの弁解が成り立つためには、すべての慈善活動家は**強欲な主人に仕える**「**奴隷**《どれい》」とならなければならない。奴隷たちは、主人のために尽くしているあいだは最低限の食事と寝場所を――もしかしたら若干の娯楽も――与えられている。同様にリベラルな慈善活動家は、彼らが救うべき〝虐《しいた》げられた人々〟の利益のために自分で自分を奴隷化する必要がある。

彼らは、「兄弟たち」に尽くすためにせっせとはたらく。彼らが持つことのできる財産は、強欲な主人が奴隷に許すぜいたくと同程度のものだ。日々の稼ぎは、自分より貧しい者を援助する経済力を増大させ、あるいは維持するためにしか使ってはならない――少なくともこれまでの議論ではそうなる。

このリベラルな慈善活動家が三畳一間のぼろアパートに暮らしているのなら、彼の説明に同意してもいいかもしれない。だがもし「人類みな平等」の道徳哲学を説く人の典型が、郊外の一戸建てに住む年収五〇〇〇万円の公務員であったらどうだろう。そうなると、彼の財産が理想の実践に必要不可欠だと強弁することはきわめて難しくなる――彼が自分の家を手放せば、多くの〝虐げられた人〟を救うことができるのだから。

だれからも賞賛される慈善活動は、ほとんどの場合、悪影響しかもたらさない。それにくわえて慈善を説く道徳哲学は矛盾に満ちており、それに翻弄《ほんろう》される哀れな偽善者を大量に生み出しているのである。

土地にしがみつく 頑固ジジイ

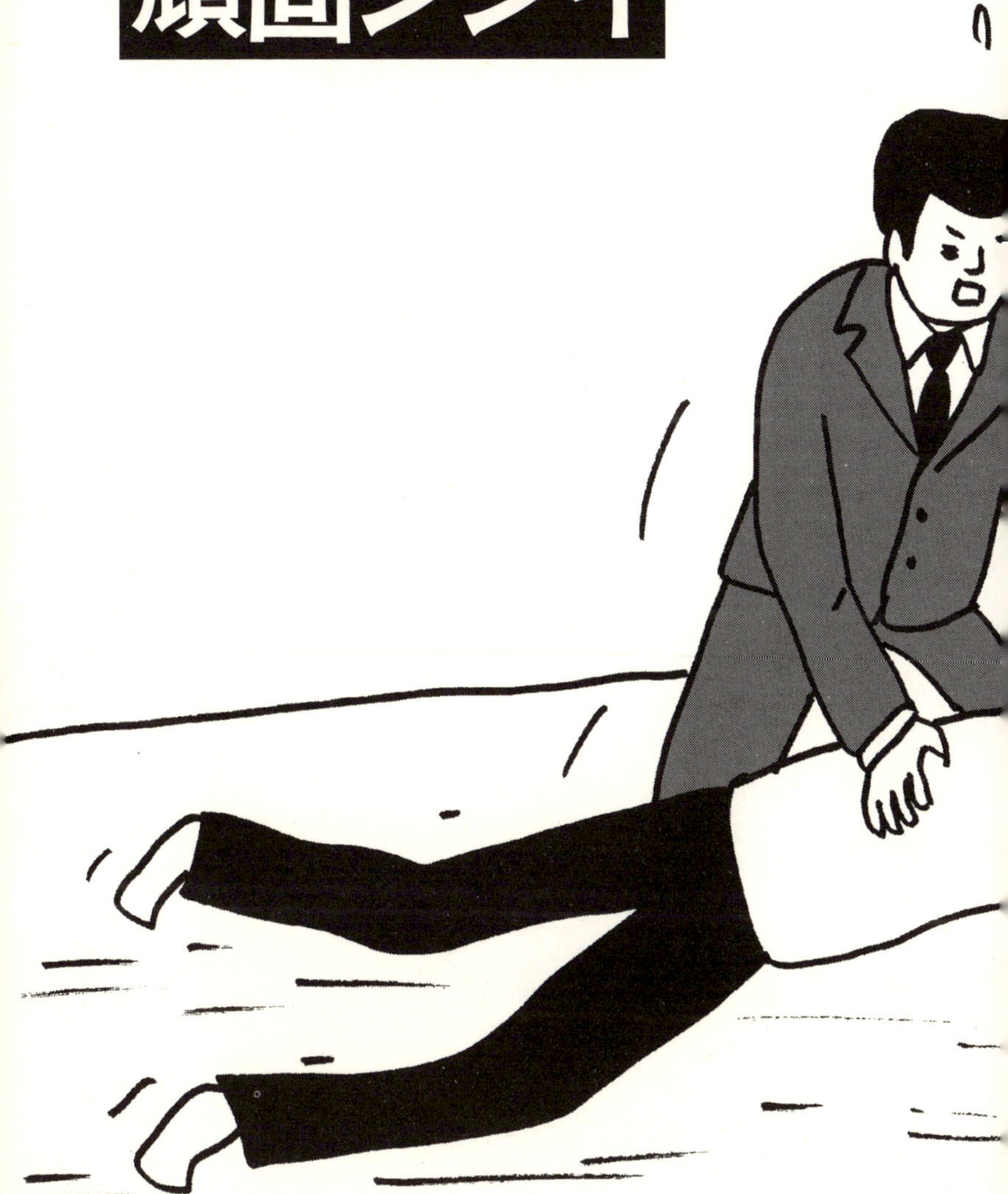

頑固ジジイは私有財産権を守るヒーロー

あなたが不動産開発業者で、荒廃した貧困地区を再開発して、広い庭やプール、バルコニーのある高級住宅地として売り出すことを計画しているとしよう。国土法、土地計画法、農地法、消防法、文化財保護法、宅建業法、建築規制条例などなど、国家によるさまざまな規制があなたの行く手を阻《はば》むだろうが、頭痛の種はこれら役立たずの法律の山ばかりではない。

計画を立ち往生させる最大の障害は、往々にして、その地区でもっとも老朽化した建物に住む頑固《がんこ》な人々によって引き起こされる。どういう理由かは知らないが、彼らは自分のあばら家をとても気に入っており、ぜったいに立ち退《の》こうとはしない。地上げ屋が目の前に札束を積み上げても、政治家や役人が説得を繰り返しても、契約書に判を捺《お》してはくれないのだ。

この頑固者たち――おそらくは小柄で痩《や》せていて気難しい老人――は、長い間自分の土地を、炭鉱やダム・灌漑《かんがい》計画、鉄道会社や道路公団から守りつづけてきた。無力な村人たちが放浪のガンマンの助けを得て強欲な土地開発業者とたたかう、というのは西部劇の定番である。彼らの抵抗は、(私有財産を公共の利益のために使用する際の手続きを定めた)土地収用法制定の原動力ともなった。自分の土地にしがみつく頑固ジジイは人類の進歩を阻む元凶であり、世界の中心で、キーキー声を張り上げて「ノー!」と叫ぶのだ。

交差点の一画に住みつづけ、大渋滞の原因となっている廃屋のような家を見て、多くの人は

「公共の福祉」や「幸福の増進」の邪魔だと考える。だが、彼らを批判するのは間違っている。進歩の障害物としてしか描かれない頑固ジジイは、じつは、人類が手にしたもっとも大きな希望——**「私有財産権」**の象徴でもあるのだ。彼らに対する誹謗中傷《ひぼうちゅうしょう》の山は、やがてこの死活的に重要な権利の否定へとつながっていくだろう。

私有財産権とは、「すべての人は、それがほかの所有者の権利を侵害しないかぎりにおいて、自らの所有物を自由に使用・処分する権利を持つ」ことを意味する。国家による土地の収用は、本人の意思に反して強制的に彼の所有物を取り上げるのだから、明らかにこの権利を侵害している。

私有財産権を擁護《ようご》する議論は、倫理を基礎におくか、功利《こうり》主義を採用するかで大きく二つに分かれる。そこでまず、倫理的な観点から考えてみよう。

この議論は、「人は自分自身の所有者である」という**自己所有権**から出発する。そして、彼が彼自身の所有者であるならば、その当然の帰結として、彼が自らの労働によって生み出したもの（ジョン・ロックの表現を使えば「労働を混ぜ込んだもの」）もまた彼の所有物となる。この私有財産権は、人為的な法の有無にかかわらずすべての人に適用されるべきだから、国家が定める法ではなく、人類共通の原理としての「自然法」によって保護されている。

「人は自分自身の所有者である」以上、自然法によって、第三者が彼を奴隷《どれい》として所有することは禁じられている。同様に、いままでだれのものでもなかった土地に入植し、自らの労働によってそこからなにか役に立つものを生み出したなら、自然法によって、彼はその土地を正当に「所有」したことになる。

こうした私有財産権を移転する唯一の倫理的に正しい方法は、自主的な取引あるいは贈与である。すなわち、所有者が自らの意思で所有権の移転に同意した場合だけが、自然法に照らして正当と認められるのだ。

頑固ジジイの所有する土地が正当な手続きで獲得された——合意のもとに元の所有者から購入したか、贈与された——のであれば、その所有権は自然法によって保護されている。彼の行為には非難されるべきことはなにもなく、その土地に対する彼の権利は正当である。このことから、本人の合意なしに土地を取り上げようとするいかなる試みも、人間社会を支える根源的な権利である私有財産権を侵害し、倫理に反することは明らかだ。それは、無辜《むこ》の民への暴力の行使以外のなにものでもない。

*その土地が正当な権利者によって所有されていない場合はどうなるのか、疑問を持った人もいるだろう。実際、地球上の土地の大部分は暴力的に獲得されたものである。

このような場合、(1)その土地が奪われたものであることが明らかで、(2)自然法にのっとって正当な所有者またはその相続人がいるたしかな証拠があれば、その土地は以前の所有者に返還されなければならない。

それ以外のケースでは、現在の所有者が所有権を持つと見なされる。この〝事実上の〟所有権は、所有者が正当な土地所有権を保持している場合、およびほかにだれもその土地に対する正当な所有権を主張していない場合にかぎり、効力を有することになる。

民間の土地開発会社が個人の土地を無理矢理地上げしたならば、人々はわたしの議論に喜んで同意するだろう。ある人間の利益（地上げによる金儲け）が、別の人間の利益（住み慣れた家での暮らし）を侵害できる、などとはだれも思わないはずだ。

だが頑固ジジイの相手が国や自治体になると、人々の意見は変わってくる。国家は公益を代表し、頑固ジジイは駄々《だだ》っ子《こ》のように私益を主張する、と見なされるのである。

だがほとんどのケースにおいて——もちろんすべてではないが——国や自治体による土地の収用は個人的な利益の追求のために行われてきた。

ニューヨークでは、私立大学や私立病院の設立のために、多数の住民が家を明け渡して郊外に移住させられた。土地収用を強行するための言い訳として「私有財産権の過度の行使」が批判されるが、それを言い立てるのはいつも利益団体や圧力団体の類《たぐい》である。

「文化の殿堂」として建設されたリンカーンセンター（メトロポリタンオペラ、ニューヨークフィルの本拠）などはその典型である。「高尚な文化」なるもののために、人々は政府が決めた値段で土地を売るよう強制された。ところで、「高尚な文化」ってだれのためのものだ？

リンカーンセンターの寄付金名簿を見ればひと目でわかる。それはまさに、支配階級の紳士録である。

だれが土地を管理すべきか

では次に、功利主義的な見地から私有財産権を擁護する議論を検討してみよう。ここでは、**「所有者の自己責任（管理責任）」**が重要なキーワードになる。

功利主義者は、私的財産所有こそが不動産をもっともよく活用すると考える。自由な市場の「見えざる手」によって、自分の財産をきちんと管理できない者が損失を被《こうむ》り、不動産の活用に成功した者が資産を増やすならば、よりよい管理者がより多くの責任を負《お》うことになる。なぜなら彼は、自ら得た利益で愚《おろ》かな所有者から不動産を買いとることができるからだ。

有能な管理者がより多くの土地を獲得し、無能な管理者が財産を失えば、その国の不動産は、総体としてより効率的に活用されるようになるだろう。市場ではこうした調整がごく自然に行われる。国民投票も、政治的粛清も、デモや馬鹿騒ぎも必要ない。

政府がこの過程に介入し、融資や助成金によって無能な人間が経営するダメ会社を支えたらどうなるだろうか。不動産の利用を効率化する市場の機能は、まったくとは言わないまでも、ひどく損《そこ》なわれるにちがいない。

どれほど馬鹿な会社であっても、国家の支援があれば経営の失敗をごまかすことができる。市場に対する国家の干渉は、さまざまなかたちをとる。特定の個人や団体に独占的な免許を与えたり、関税や輸入規制によって非効率な国内企業を外資から保護したり、特定の会社に談合させて公共事業を発注したり……。こうした国家の活動は、共通の目的を持っている。すなわち、消費者から見捨てられ、市場から退出するほかなくなった企業を税金で養うことである。

無能な市場参加者を保護する政策が負の効果をもたらすとすれば、それとは逆に、有能な個人や企業がますます多くの土地を獲得できるよう国家が介入したらどうだろうか。自由な市場においては、事業に成功した者こそが最良の不動産管理者である。とすれば、不動産事業に関する大規模な調査を行い、だれが成功しだれが失敗したかを見極め、負け組から勝ち組へと不動産を強制的に移転させたら、市場の調整機能を待つ必要もなく、より大きな成果が期待できるのではないだろうか。だが残念なことに、国家は市場を代替することはできない。

市場における勝者と敗者は、多様な参加者による競争を経て、日々刻々と移り変わっていく。ところが国家は、仮に市場機能を促進させようと意図《いと》したとしても、過去のある時点で市場を観察し、そのときの敗者から土地を取り上げ、その時点の勝者に分け与えることしかできない。

未来は過去の単純な延長ではなく、現在の成功者がこれからも成功する保証はない。同様に、「負け組」のなかに将来、大きな成功をつかむ者がいたとしても、それを知る方法もない。国家による「市場促進プログラム」は、それが過去の業績にのみ基づいている以上、恣意《しい》的で不自然なものにならざるをえないのである。

他人の欲望を満足させる義務はない

ところで、この議論でいったいどうやって「土地にしがみつく頑固ジジイ」を擁護できるのだろうか。不動産の効率的活用という観点からは、彼らが「無能な管理者」であることは否定しようがない。国家の「市場促進プログラム」が導入されたら、間違いなく最初の標的に選ばれるだろう。たしかにスラム街を再開発して高級住宅地として売り出せば、これまでよりずっと大きな富が創造できるような気がする。だがこの試みは原理的に不可能である。

これは人間行動学の領域になるのだろうが、ここでのポイントは、「だれが取引を評価するのか」ということである。われわれの見解によれば、自発的な取引における唯一の客観的な評価とは、その取引の参加者が事前に得たものである。

取引が成立するということは、その取引の参加者全員が、拒否するよりも取引するほうが得るものが大きいと判断したからである。もしそうでないならば、そもそも取引は成立しないはずだ。となると必然的に、取引の時点ではいかなる過《あやま》ちも起こらない、ということになる。

もちろん、取引のあとには過ちは生じうる。参加者の一方、もしくは双方が、取引終了後に評価を変える可能性があるからだ。しかしそれでも、ほとんどの場合、取引は双方の要求を反映していると言える。

このことは、人類の進歩を妨害し、不動産の効率的な活用を邪魔する頑固ジジイとどのような関係があるのだろうか。

ここまでの議論から、「人は、自分よりもより生産的に不動産を活用できる人間に財産を譲るよう強制されるべきか？」という問いへの解答は明らかだ。

先に述べたように、すべての参加者が利益を得ると考えたときに、はじめて取引は成立する。だれかがそう考えずに取引が成立しなくても、そこにはなんら不正な点はない。功利主義的な立場からしても、頑固ジジイが取引を断ったことは、ただたんに彼が不動産開発会社が提示した金額よりも自分の不動産を高く評価した、という事実を示すにすぎない。

個人間の効用や幸福を比較する科学的基準が存在しない以上（「幸福の単位」などというものはなく、人はみな勝手に比較するだけである）、「土地にしがみつく頑固ジジイ」が幸福を害していると主張する合理的な根拠はどこにもない。

もちろん、頑固ジジイの選択は土地開発業者の目的を妨害している。だが逆に、土地開発業者の目的は、頑固ジジイの目的を阻害しているのである。頑固ジジイに、他人の欲望を満足させるために自らの望みをあきらめる義務などないことは明らかだろう。

それにもかかわらず、社会の巨大な圧力を前にして、誠実さと勇気をもってそれに抵抗する頑固ジジイは決まって不当な誹謗中傷の対象になる。こんな理不尽なことは、そろそろ終わりにしたほうがいい。

飢饉で大儲けする
悪徳商人

自己利益追求こそみんなを幸せにする

人類の歴史において、飢饉《ききん》が起きるたびに「買い占め屋を殺せ！」との怨嗟《えんさ》の叫びが街に溢《あふ》れた。扇動家たちは、「悪徳商人の買い占めによって食糧価格が高騰し、罪のない人たちが餓死していく」と声を張り上げ、経済学の素養のない一般大衆から熱烈な支持を浴びている。

こうした考え――というか考えのなさ――は、飢饉のときに食糧を高値で売った商人に死刑を宣告することさえ要求している。そして常日頃、「人権」だとか「市民の自由」だとか騒いでいるリベラル派からも、わずかな抗議の声さえ聞こえてこないのだ。

歴史を冷静に観察してみよう。飢饉や飢餓《きが》をもたらしたのは悪徳商人でなく、彼らはむしろそれを防いできた。「国民を守る」などというのはウソっぱちで、飢饉の元凶はほとんどの場合、時の為政者である――そんな当たり前のことが見えてくるはずだ。

飢饉でひと儲《もう》けを企《たくら》む商人を敵視するのは、はなはだしい正義の誤用である。そのことを理解するには、彼らの役割が利益を求めて商品を売り買いすることだと気づくだけでいい。使い古された言い方だが、商売の秘訣は「**安く買って高く売る**」ことにある。その結果、成功した商人は自分だけがいい思いをしたいと考え、「**みんなの幸福」などどうだってよく、しかもそのことによってみんなを幸福にする**のである。

飢饉を利用して商売しようと考えた男は、まず最初に、豊作の年に食糧を買いだめすることから始めるだろう。もちろん、食糧が不足した年にそれを売って大儲けするためだ。

こうした彼の行動は、各方面にさまざまな影響を及ぼす。買いだめによって食糧価格が高値で維持されることがわかると、人々が自分たちの利益のために行動し始めるからである。

消費者は食べる量を減らし、すこし多めに食糧を貯蔵しておこうと考えるかもしれない。商社は海外から農産物を輸入し、農家は作付面積を増やし、建設業者は食糧倉庫をつくり、問屋はより多くの食糧を手元におこうとする。こうした「見えざる手」の効果によって、自分勝手な男の行動は、社会全体で豊作の年により多くの食糧を貯蔵するようにさせ、結果として来《きた》るべき不作の年の影響を軽減するのである。

ここで、「そんなのはただの結果論じゃないか」との反論があるだろう。「その商人が予測を間違ったらどうなるんだ?」と。

飢饉はとうぶん来ないと商人が予測して手元の食糧を売れば、「見えざる手」の効果によって、ほかの人々も食糧を売り始めるかもしれない。その後に不作の年が訪れたら、被害は甚大《じんだい》なものになるのではないか。

そのとおりである。もし商人が予測を間違えれば、彼は人々からその責任を問われてもしかたがない。しかし幸いなことに、市場には無能な商人を駆逐《くちく》する強い力がはたらいている。彼らが引き起こすかもしれない危険や災害は、どちらかと言えば空想の産物である。

予測を間違えた商人は、多額の経済的損失を被《こうむ》ることを避けられない。「高く買って安く売る」

ことは、たしかに市場を間違った方向に導くかもしれない。だがそれ以前に、その商人の財布を確実にすっからかんにするだろう。

すべての市場参加者が未来を正しく予測する、などということはありえないが、当たるよりも間違うことのほうが多い商人は、いずれすべての財産を失うにちがいない。その結果、彼は自らの過《あやま》ちによって飢餓を深刻化させるような立場にずっととどまっていることはできないのである。

悪徳商人こそ、食糧価格を均衡化する

人々の幸福を害する行為は、それを行った商人に損失をもたらし、長くはつづかない。このようにしていつの時代でも、飢饉で金儲けを企む悪徳商人はきわめて有能であり、それゆえ経済の発展に貢献してきたのである。

食糧市場を安定化させる商人たちの役割を国家が肩代わりしたら、なにが起きるか考えてみてほしい。彼らもまた豊作と飢饉の微妙なバランスをとろうと、食糧の貯蔵量を調整するだろう。だがこの場合、食糧政策が大失敗したとしても、無能な国家を市場から退出させる仕組みはたらかない。公務員の給料は、彼の予測が当たろうが外れようが変わらない。損するのは自分のポケットマネーではないのだから、どうだっていいのである。その結果国家の仕事は、生き残りをかけて必死で努力する商人に比べてはるかに劣《おと》ったものにならざるをえない。

「悪徳商人は飢饉のときに食糧の値上げをして人々を苦しめる」との批判がまだ残っている。だが彼らの活動を仔細《しさい》に観察すれば、総体として、彼らはむしろ価格の安定に寄与《きよ》していることがわかるだろう。

豊作で食糧の価格が平年より安いときに、商人は食糧を買いだめしようと考える。その結果、市場に出回る食糧は減り、価格は上昇する。そして不作の年が訪れると、蓄《たくわ》えられた食糧は市場に放出され、価格は下落する。

もちろん、商人は買った値段よりも高く売るのだから、不作の年の食糧価格はそれまでよりも高くなる。だがそれでも、彼がいなかった場合ほどには価格は高騰しないだろう（食糧不足そのものは商人の責任ではなく、たいていの場合、旱魃《かんばつ》や洪水などの自然的、人為的災害が原因となる）。

飢饉でひと儲けを企む悪徳商人の役割とは、食糧価格を均衡化することである。安いときに買って値段を上げ、高いときに売って値段を下げる。その取引から彼は利益を得るだろうが、これは「悪徳」ではない。それればかりか、社会にとって価値ある貢献をしているのである。

それにもかかわらず、彼ら「悪徳商人」を賞賛する代わりに、扇動屋とその追随者たちは誹謗中傷《ひぼうちゅうしょう》のかぎりをつくす。

食糧の買い占めを禁じることは、リスに、冬に備えて木の実を蓄えるのを禁じることと同じ結果をもたらす――すなわち、飢餓を招くのである。

日の丸なだけに
よく燃えるわ。

中国人

トンデモ思想

ある朝、目が覚めたら、新聞に見開きの大きな広告が掲載されていたとしよう。この広告のテーマは、正直で善良な町工場の職人が不公正な競争をする外国企業のために職を失っている、というものだ。

ある広告では、「日本の〝国技〟」の大見出しの下に、朝青龍《あさしょうりゅう》と琴欧州《ことおうしゅう》がまわし姿で写っている。別の広告は讃岐《さぬき》うどんの写真に「日本〝非〟特産品」の大きな文字が躍《おど》っている。説明文に目をやると、「うどんの材料である小麦粉はいまやすべて中国からの輸入品です」と書いてある。

この広告の背景には、「外国人が日本で失業を生み出している」という排外感情がある。小麦粉もネギも、タオルや食器やユニクロのフリースも、中国からの輸入がなければすべて日本国内で生産されるはずのものであった。安い外国製品の流入によって農家は食べていけなくなり、縫製工場は閉鎖され、これまでこつこつはたらいてきた職人は路頭《ろとう》に迷うことになってしまった。

輸入禁止とまでは言わないにしても、貿易に一定の節度を求めるのは当然ではないだろうか。

しかしこの議論は恐るべき勘違いで、それがもたらす未来は惨憺《さんたん》たるものだ。

まず第一に、国家による貿易制限が正しいということになると、論理的には**県単位の「保護主義」**も正当化できることになる。国内製品に関税を課すことの法的問題を脇においておけば、外国からの輸入を制限することと、他県からの「輸入」に規制をくわえることのあいだには、経済学的にはなんのちがいもない。

たとえば静岡県が、ミカン農家に与える打撃を理由に、和歌山県産のミカンの「輸入」を禁止し、「静岡ミカンを買おう」キャンペーンを始めたとしたらどうだろう。このアイデアを馬鹿馬鹿しいと笑うならば、「日本の農業を守る」と称して安い外国産農産物を制限する日本国の政策も同じように非論理的で不健全だ。

もちろんこの議論は、県のレベルにとどまらない。

静岡県の三ケ日《みっかび》町は遠州ミカンの産地として有名で、温泉町として知られるちかくの舘山寺《かんざんじ》町でもみんな三ケ日町のミカンを食べてきた。ところが、考えてみるとミカンは舘山寺町でも栽培可能だ。町内でミカンをつくれば雇用を創出できるのに、うかつなことに、これまで三ケ日町の人々に仕事を与えてきたのである。舘山寺町の「愛町者」有志は、余所《よそ》から持ち込まれる遠州ミカンに高率の関税をかけるよう求める政治運動をすぐさま始めるべきだろう。国や県と同様に、この「輸入制限」も町に雇用をもたらすはずだからだ。

この議論を町レベルにとどめておく論理的な根拠はない。それを商店街にまで拡張すれば、「銀座商店街で買い物しよう！」「中央商店街に雇用を流出させるな！」という保護主義者の幟《のぼり》が全国に溢《あふ》れるだろう。さらには同じ銀座商店街のなかでも、一丁目と二丁目が対立するようになるかもしれない。

だがここにいたっても話は終わらない。最終的には、個人と個人の関係にまでこの議論はあてはまるからだ。

人はなにか買い物をするたびに、自分でそれをつくる機会を逸《いっ》している。靴やズボンを買い、うどんやミカンを食べるごとに、あなたはだれかのために仕事を与え、自分の仕事を失っているのである。このようにして保護主義者の論理は、絶対的な自給自足の主張へとつながっていく。「貿易」によって奪われた経済的な利益をすべて手に入れ、生きていくために必要なものをすべて自分でつくるのだ。

こうした考えは明らかに常軌を逸している。文明というのは人々の相互支援や分業、交換を基礎として成り立っているのだ。「すべての交換を禁止せよ」というのは、**トンデモ思想**の類《たぐい》である。そしてご立派な保護主義者の立場は、必然的にこのトンデモ思想にたどりつくのだ。

もしも国と国とのあいだで貿易の禁止が正当化されたなら、県や市町村、商店街や近所同士で同じことをしてはならない、とは論理的に言えなくなる。この議論の終点は個人で、そこが社会における最小単位だからだ。

ある議論を論理的に延長していくとトンデモない結論に達するとしたら、もともとの議論が〝トンデモ〟なのである。保護主義者の議論は一見、マトモそうに見えるかもしれないが、そこには救いがたいほどの勘違いがある。

自由な交換に対する無知

このどうしようもない愚《おろ》かさの背後にあるのは、自由な交換（貿易）の本質や機能についての無知である。交換とは、われわれの信ずるところによれば、火や車輪の発明をも上回る、動物からヒトへの進化の象徴である。交換によってこそ、はじめて専門化や分業が可能になったのだ。

わたしたちは日常生活において、何十万個もの異なった生産物を無意識のうちに消費している。もしも分業と専門化がなかったなら、わたしたちはそのすべてを自分でつくらなければならなくなる。もちろんこんなことは不可能に決まっているから、わたしたちは現在の生活を維持するどころか、食べるものにも事欠くありさまになるだろう。

食糧の効率的な生産には、道具・機械・建物のような資本財を含むさまざまな生産物が必要になる。一人の農民がそれを手に入れるためには、地球上に暮らすすべての人々を巻き込んだ生産と流通のシステムが存在しなければならない。

火や車輪がなければ、人々の暮らしはずいぶん惨《みじ》めなものになっていただろうが、それでもなんとか生きていくことはできる。分業と専門化が存在しなかったならば、生きていくのに必要な食糧を得ることすら困難となり、人類の大半は死滅するだろう。

分業と専門化によって、人は自分の能力をもっとも得意な分野に集中できる。そしてこのシステムを束《たば》ねる要《かなめ》になるのが、交換（貿易）なのである。

もしも交換の可能性がなかったら、わたしたちはすぐに必要とはしない細々としたもの——安全ピンやペーパークリップやなんやかや——をすべて貯《た》めこんでおかなければならなくなる。分業化や専門化はなんの意味もなくなって、人類すべてが「自給自足」という自殺行為を強《し》いられることになるであろう。

青森のサトウキビ、沖縄のリンゴ

保護主義者の議論が間違っている第二の理由は、彼らが輸出のことをまったく考えていないからだ。たしかに小麦粉やタオルやユニクロのフリースが中国から輸入され、それによって国内の仕事が失われたというのは事実だ。だが保護主義者が都合よく忘れているのは、国際競争に負けてやっていけなくなった仕事の代わりに、輸出が新たな仕事を生み出しているということだ。

青森県と沖縄県が自給自足で経済を運営していたと想像してみよう。どちらの県も、リンゴとサトウキビを生産している。気候のちがいのために、青森県ではサトウキビが、沖縄県ではリンゴがとても高価だ。青森県のサトウキビはビニールハウスで、沖縄県のリンゴは巨大な冷蔵庫のなかで栽培されているからである。

さて、この二つの県のあいだで貿易が始まったとしたら、いったいなにが起こるだろうか。青森県がサトウキビを、沖縄県がリンゴを輸入するようになると、保護主義者はすぐさま「外国産農産物の不公正な流入によって青森県のサトウキビ農家（沖縄県のリンゴ農家）は危機に瀕《ひん》している」と騒ぎ出すだろう。
だが保護主義者たちは、輸出による需要の増大によって、青森県のリンゴ農家（沖縄県のサトウキビ農家）であらたな雇用が発生する事実を無視している。失われた仕事にだけ注目が集まるようにする、というのが彼らの常套《じょうとう》手段だからだ。

もちろんリンゴの栽培なら青森県、サトウキビなら沖縄県のほうが効率的だから、この「貿易」によって雇用者の絶対数が減少することはありうる。だがこれは悪影響ではなく、むしろ貿易によって得られる果実のひとつだ。困難な環境のもとで、青森県でサトウキビを、沖縄県でリンゴを栽培していた労働者たちは、いまや農場のくびきから解き放たれ新しい仕事に自由に挑戦できるようになったのだから。

たとえば近代的な輸送システムが存在しておらず、一人ひとりが五〇キロの荷物を背負って運ぶしかなかったならば、その社会では何百万人という労働者が運輸産業に従事することになるだろう。その結果、ほかの産業は慢性的な人手不足に陥《おちい》り、衰退してしまうかもしれない。輸送の近代化によって大量の余剰労働力が生じれば、彼らは仕事を求めて別の分野に移動し、その結果、社会は大きな利益を得るにちがいない。

青森県と沖縄県で「貿易」が始まったあとに、リンゴ農園とサトウキビ農園ではたらく労働者の数が減少するかどうかは、貿易の効果によって人々があらたに手にした収入をなにに使うかにかかっている。

人々が追加収入のすべてを安くなったリンゴとサトウキビの購入にあてるならば、それぞれの農園ではたらく労働者の総数は変わらないだろう。だがよりありそうなのは、あらたに手にした収入の一部でリンゴとサトウキビを買い、残りのお金で好きなものを購入するという選択である。この場合、リンゴ農園とサトウキビ農園ではたらく労働者の数がいくらか減少するが（もっとも、このより少ない労働力でも、以前より多くの農産物を生産することができる）、その代わり消費者によって求められている産業で雇用が増加するだろう。

このように青森県と沖縄県の「貿易」の開始は、双方にとって利益になる。輸入によって雇用が減少しても、輸出産業か、あるいは労働者の流入で活性化したあらたな産業で雇用が増えるにちがいない。

だが、保護主義者の主張もすべてが誤《あやま》りではない。貿易は、すべての人を幸福にするわけではないからだ。

寒さの厳しい青森県でサトウキビを、常夏《とこなつ》の沖縄県でリンゴを栽培するという高度な仕事に取り組んでいた職人たちのことを考えてみよう。彼らは貿易によって職を失い、新しい仕事に初心者として取り組まなければならない。当然、以前のような高い給料はもらえないだろうし、職業訓練を受ける必要もあるかもしれない。

では、いったいだれが彼の給与の減少分を補塡《ほてん》し、職業訓練の費用を支払うのか。保護主義者は当然、政府と企業が面倒を見るべきだと主張するだろう。だが、これは間違っている。

第一に指摘しておきたいのは、新しい産業に移ることによって賃金カットを余儀《よぎ》なくされるのは特殊な技能を持つ労働者だけだということだ。なんの能力もない労働者にとっては、リンゴ倉庫で床磨きするのも、サトウキビ農場で草取りをするのも、職場が変わるだけでなんのちがいもない。一方、ある産業においてきわめて有能な技能を持っている熟練労働者は、新しい産業でもその技能が活用できるわけではないので、以前と同じ給料を受けとることができない。

次に指摘すべきは、**特殊な技能を持つ労働者は、「投資家」であると同時に「資本家」でもある**ということだ。資本家は自らの資産をモノに投資するが、彼らは自分の技能に投資を行う。いかなる投資家も、リスクとリターンの冷酷な法則から逃れることはできない。リスクが大きければ大きいほど、成功したときに得られるリターンも、失敗したときに被《こうむ》る損害も大きくなる。

青森県のサトウキビ栽培者と沖縄県のリンゴ栽培者が高給を稼《かせ》いでいたとしたら、それは彼らがリスクを負《お》っていたからである。そのリスクのなかには、もちろん、青森県と沖縄県のあいだで貿易が始まる可能性も含まれている。

職を失った高給取りの専門家の再訓練や給与の補塡《ほてん》に、国は補助金を支払うべきだろうか。それとも、彼らは自らの貯蓄を取り崩してそれにあてるべきだろうか。こたえはもう明らかだろう。

失業した熟練労働者の生活を国が支えるのは、ギャンブラーの負けを補助金でまかなうのと同じことだ。その補助金は、主に貧しい人たちが支払った税金から捻出《ねんしゅつ》されている。国は、なんの技能も持たない貧乏な労働者から無理矢理金を巻き上げ、これまでいい思いをしてきた豊かな熟練労働者にそれを分け与えているのである。

神の恵み

では最後に、保護主義者の〝悪夢〟が現実のものになったら、なにが起きるかを考えてみよう。

中国の経済発展がつづき、タオルや衣類だけでなく、テレビやパソコン、自動車、精密機械にいたるまで、すべての製品を日本企業よりも安価に、効率的に生産できるようになった。いまや中国から洪水のように流れ込む輸入品で、ほとんどの日本企業が倒産の危機に瀕《ひん》している――。このような未来が訪れたならば、中国との貿易を強制的に制限すべきだろうか。

ここでも、わたしの立場は変わらない。

もしも二人の大人が取引に同意したのであれば、彼らの国籍が異なっていても、どちらか一方に損害を与えるとの理由で取引を禁止するのは正当ではない。もし当事者のどちらかが取引を有害だと考えたならば契約は成立しないだろうから、第三者による禁止など必要ない。逆に双方が取引に合意したのなら、他人がそこに介入するのはいらぬおせっかいだ。

取引の禁止は、取引に参加する当事者への最大の侮辱《ぶじょく》である。それは彼らを、契約の義務を履《り》行《こう》するに足る知能や権利を持たない子ども同然に扱うことだ。

もっとも、理屈で説明しても保護主義者たちの見解は変わらないだろう。彼らは、貿易を制限しなければとてつもない災厄がふりかかってくるとかたくなに信じているからだ。

そこで、彼らの悪夢を具体的に検討してみよう。

中国はやがて日本企業の技術とノウハウを獲得し、安価かつ大量の労働力によって、すべての面において日本経済を凌駕《りょうが》する。中国はもはや日本からなにも輸入せず、一方的に日本に輸出するだけだ。これは中国経済に未曾有《みぞう》の繁栄をもたらし、日本は滅亡への道を歩むだろう。中国企業は日本の消費者のニーズにすべて対応できるのに、日本企業にこれに見合う輸出品がなく、経済は停滞し、伝染病のように失業が広がり、中国への完全な依存状態に陥るほかない——。

この描写は荒唐無稽《こうとうむけい》に聞こえるだろうが、どこの国であれ、保護主義者はこうした「悪夢」を切迫した現実であるかのように喧伝《けんでん》するものだ。人間は往々にして、問題に対して正面から取り組むよりも、恐怖におびえて思考停止することを好む。

ところで、この「悪夢」についてよく考えてみると、「日本人はいったいどうやって中国製品を買うのだろう」という疑問にたどりつく。

たとえば、金の延《の》べ棒《ぼう》（あるいはほかの換金可能な貴金属）を支払いにあてることはできない。なぜなら、金はそれ自体が商品だからだ。輸入品と金の延べ棒を交換したら、それは金を輸出していることになる。その結果日本人は、自動車工場や電化製品の組み立て工場で仕事を失う代わりに、佐渡《さど》の金山で仕事を得るだろう。日本経済は、金の小判で外国製品を購入していた江戸時代末期に戻るのである。

この非現実的な可能性を排除するならば、残された唯一の支払い手段は円紙幣である。では中国人は、輸入によって得た円をどうするのだろうか。選択肢は三つある。

①日本製品を輸入し、その支払いにあてる。
②そのままとっておく。
③日本以外の国の商品を買うときに使う。

彼らが三番めの選択肢を選んだら、円を受けとった貿易相手国は同じ三つの選択肢を手にすることになる。すなわち日本で使うか、貯蓄するか、日本以外の国の商品を買うか。そして彼らから円を受けとった国も……。

この過程は際限なくつづくので、便宜《べんぎ》的に世界を日本と日本以外の国に分けたほうがわかりやすい。これで選択肢は二つになる。日本が中国に支払った円が戻ってくるか、こないか。

海外の国が日本製品を購入するために円を使えば、円紙幣は日本国内に戻され、輸出産業で雇用が発生する。保護主義者は、こちらをよりましな選択だと考えるだろう。

では、彼らの主張する最悪の事態が起きたとしたらどうだろう。つまり、世界のどの国も日本製品を買ってくれず、支払った紙幣はまったく戻ってこないのだ。

これは、保護主義者たちの騒ぎ立てる「災厄」などではまったくなく、「**神の恵み**」そのものである。

中国からの輸入品を購入するために日本人が支払うのは、福沢諭吉《ふくざわゆきち》の絵が描かれたただの紙である。そのうえ中国からもっと輸入するために、「紙」を無駄にする必要すらない――一万円札にゼロを足して、一〇万円札や一〇〇万円札を印刷すればいいだけだ。

このように、保護主義者の「悪夢」が現実化すれば、中国からは生活に必要なありとあらゆる商品が送られ、その代わり中国には、ゼロがたくさんついた紙切れが押しつけられるのだ。これは「**ぼったくり**」以外のなにものでもない。

中国人は恩人だ

保護主義者の杞憂《きゆう》とはまったく逆に、たくさんの贈り物をもらった国が計《はか》り知れない苦痛にさいなまれるわけではない。イスラエルは長年にわたってドイツから多額の賠償金を、アメリカから莫大な援助を受けとっているが、それによってイスラエル国民が苦しんでいる、などという話は聞いたことがない。

そのうえ贈り物をもらったとしても、その国の企業は生産を中止する必要はない。なぜなら人間の欲望は無限だからだ。もし中国が日本の全家庭に第一汽車（中国最大の自動車メーカー）の車を与えたとしても、彼らはすぐに二台目、三台目、あるいはそれ以上を欲しがるだろう。

中国人がどれほど気前がよくても、なんの見返りもなしに、日本人の欲望をすべて満たすために自己犠牲の精神を発揮することはありえない。だが、もし彼らがこの不可能な事業に成功しさえすれば、人々はただで欲しいものをすべて手に入れられるのだから、日本の国内産業は崩壊するだろう。

しかしこのSF的な未来は、けっして恐ろしいものではない。人々がこれ以上欲しいものはなにもないと感じ、これからもずっと欲しいものが手に入ると思ったときに、ようやく国内産業は消滅する。この状況を表現するのに、わたしは「**ユートピア**」以外の適切な表現を知らない。

もっとも現実には、中国人も、ほかの国の人々も、日本円の札束をただ積み上げておくだけで満足することはない。いずれ彼らは、日本円を日本の商品と交換しようとするだろうし、それによって日本の輸出産業を活性化させることになる。

世界中に円紙幣が溢れることで、円の価値は下落するかもしれない。だが大幅な円安になれば、日本の輸出産業は国際競争力を取り戻し、やはり雇用は増えるだろう。どの道、円は日本に戻ってくるし、日本の輸出産業は息を吹き返すのである。輸入によって失われた雇用は、青森県と沖縄県の例で見たように、別の分野の雇用増で補われるだろう。

ところでこのSF的な未来において、中国企業はあらゆる製品で、価格・品質ともに日本企業を上回っている。それなのになぜ、中国は日本と貿易しようと考えるのだろうか？

このことは経済学では、「**絶対優位**」と「**比較優位**」で説明される。二つのグループ（国でも会社でも個人同士でもいい）のあいだの貿易は、絶対的な生産力のちがいではなく、相対的な能力のちがいによって行われる。弁護士とタイピストの話は、その古典的な例だ。

子どものころから神童とうたわれたデキスギくんは町いちばんの弁護士であり、同時に、町いちばんのタイピストでもある。デキスギくんは、法律家としても、タイピストとしても、秘書のシズカちゃんを絶対的に上回る。ではなぜデキスギくんは、シズカちゃんを雇《やと》っているのだろうか。

法律家としての二人の能力を比較すると、デキスギくんはシズカちゃんより百倍有能である。一方タイピストとしては、デキスギくんはシズカちゃんより二倍速く打てるにすぎない。この場合デキスギくんとしては、比較劣位にあるタイピングの仕事をシズカちゃんにまかせ、比較優位にある弁護士の仕事に集中したほうが利益はずっと大きい。

シズカちゃんは、法律の知識でもタイプの腕でもデキスギくんに劣《おと》っている（絶対劣位にある）が、タイプにおいては比較優位にある。なぜなら法律に関してはデキスギくんの一パーセントのことしかできないが、タイプなら五〇パーセントもできるからだ。このようにしてシズカちゃんは、たとえすべての面でデキスギくんに劣っていても、正当な取引によって生活費を得ることができるのだ。

SF的未来において、中国はあらゆる生産分野で絶対優位にある。だが中国人が受けとった円を使おうとすると、日本が比較優位にある製品を輸入するしかない。もしも日本の自動車生産能力が中国の十分の一で、サッカーボールの生産能力が半分だったら、日本人は自動車の輸入代金を得るためにサッカーボールを輸出するだろう。そして、この貿易によって双方が利益を得るのである。

このように、保護主義者の議論をどれほど徹底しても、それが誤りであると証明できる。だが彼らの巧《たく》みで情緒的な宣伝活動（「米は日本の文化だ」とか）によって、輸入品（とくに外国産農産物）は長いあいだ悪者扱いされてきた。

わたしたち全員に恩恵をもたらす仕事に携《たずさ》わっているのだから、中国人も、彼らのつくる商品を輸入する業者たちも、偉大な恩人として尊敬されるべきなのだ。

＊原書は一九七〇年代の日米貿易摩擦について書かれており、本来であれば擁護されるべき「不道徳な人間」は「日本人」なのだが、時代の変化もあり、原文の論旨にはいっさい手を加えることなく、日本と中国との貿易摩擦に例を変えて訳出した。

その際、注意しておきたいのは、基軸通貨である米ドルとローカル通貨である日本円のちがいである。

著者の言うように、アメリカが輸入のために支払った米ドルがそのまま海外に滞留すれば、それは「紙切れと商品を交換する」のと同じことになる。だがこのような法外な恩恵（経済学では「シニョレッジ」と言う）を受けられるのは基軸通貨だけであり、貿易のために支払った円は、それが未来世界で基軸通貨になっていなければ、大半が米ドル（もしくは現地通貨）に交換されるだろう。それによって円は通貨のまま日本に戻り、インフレと円安を引き起こすと思われる。

中国がすべての面で日本を凌駕《りょうが》する近未来を設定したことで自虐的な印象を持った人もいるかもしれないが、これはまさに原書のニュアンス（「アメリカ国旗や野球のグローブがメイド・イン・ジャパンでなにが悪い。トヨタの車が優秀なら、アメリカの自動車メーカーなんて全部なくなったっていいじゃないか」）そのままである（訳者註）。

ホントはキミが
うらやましいんだ

ホリエモン

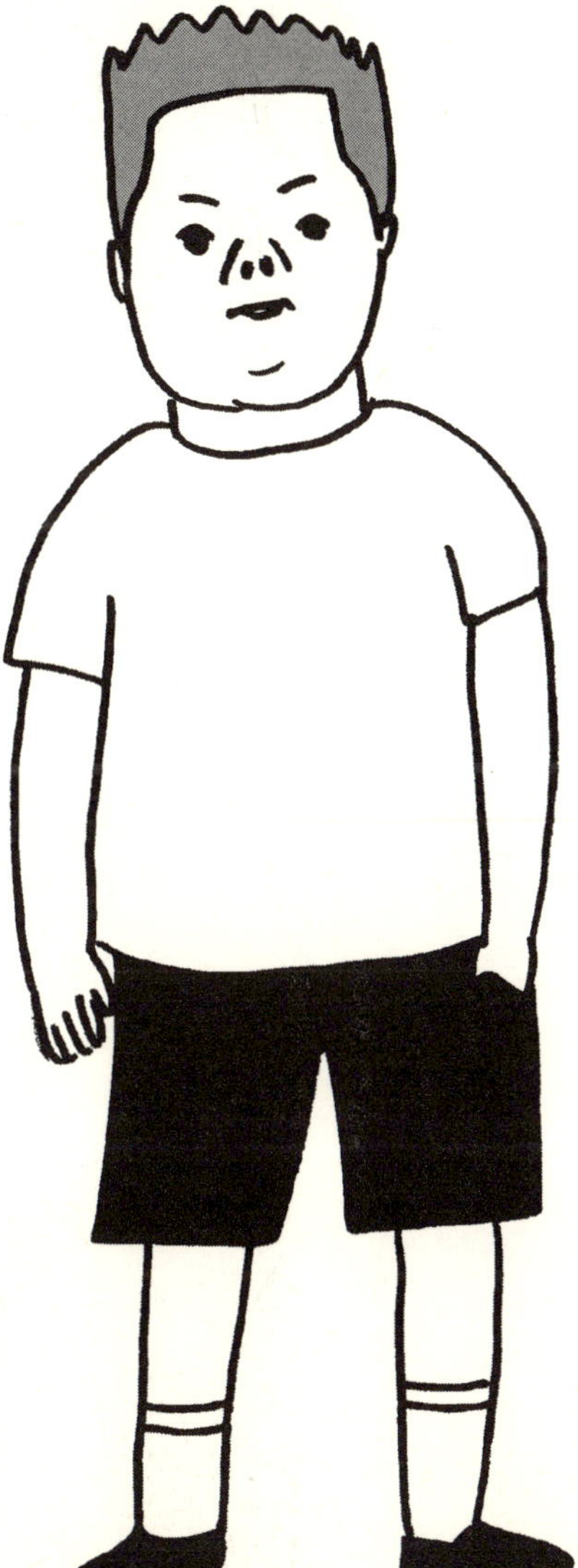

金儲けに対する三つの批判

金儲《かねもう》けと、それに関連するすべての経済活動が、長いあいだ激しい攻撃にさらされてきたことは明白である。ちっとも明白でないのは、その理由だ。

金儲けに対する批判にはいくつかのパターンがある。

もっともよく見られるのは、「お金とは額に汗して稼《かせ》ぐものだ」という信念である。彼らにとって、「正直な労働や努力」のともなわないマネーゲームの勝者が「金で買えないものはない」などと言って選挙に立候補するようなことは、とうてい正当化できるものではない。この人たちは、利潤が獲得される過程がよく理解できないので、「そこにはなにか不正があるにちがいない」と強く疑っている（「はたらきもしないで儲かるなんてぜったいおかしい！」）。

金儲けへの典型的な第二の批判として、「強者による弱者からの搾取《さくしゅ》」理論がある。この一派によれば、市場にはかぎられた量の富しかなく、もしも金持ちが多くとってしまったら、貧しい人々のとりぶんはさらに少なくなる。金儲けは道徳的に間違っているだけでなく、弱者から資金を奪うことによって社会そのものを害しているのだ。

第三のタイプの批判は、「他人の無知や無力につけこんで卑劣《ひれつ》な金儲けをしている」というものだ。この議論では、金持ちは「人々の苦痛から利益をむさぼる鬼畜ども」として描かれることになる。無知な消費者に高く売りつける――すなわち客から〝ぼったくる〟ことは、彼らをもっとも怒らせる。その客が貧しいと、非難の大合唱はさらにパワーアップすることになる。それに対して金儲けを擁護《ようご》する陣営はずいぶん弱々しい。彼らの抵抗は、おおよそ次のような理屈で行われる。

①金儲けは愛国的な行動であり、それを批判するのは共産主義者の手先である。
②国内総生産（GDP）から比べれば、個人の金儲けなど微々たるものだ。
③金持ちは、慈善活動を通じて富を社会に還元している。

言うまでもなく、これらの反論にたいした説得力はない。市場経済における利潤の考察と、金儲けという誇《ほこ》りある仕事に対するより積極的な弁護がいま必要とされている。

現在と未来の価格差

まず最初に、「金儲け」とはなにかを考えてみよう。

利潤とは、ほかの人にはまだ見えないチャンス（収益機会）を見つけ出し、それをモノにした企業家によって獲得されるものである。そのケースはさまざまだが、どんな場合でも、企業家は取引相手（消費者）に以前より有利な条件で取引を持ちかけており、その取引は、企業家がいなければそもそも存在しないものなのだ。

具体的に説明してみよう。

青森県では、高級リンゴ「陸奥《むつ》」がひとつ一〇〇円で売られており、東京のスーパーマーケットではそれがひとつ三〇〇円するとしよう。リンゴの輸送費用（運送料・保険代・倉庫代・不良品発生率）を一個あたり二〇〇円未満に抑えることができるならば、企業家は次のような取引を申し出るだろう。すなわち青森県でひとつ一〇〇円よりすこし高い値段でリンゴを買い、東京でひとつ三〇〇円よりすこし安い値段でそれを売るのである。

この取引によって、企業家はもちろん利益を得る。だがそれと同時に、青森県の生産農家（以前より高い値段でリンゴを売れる）も、東京の消費者（以前より安い値段でリンゴを買える）も、どちらもこの取引から利益を得ている。

このように企業家は、ある時点における二つの異なる地域の価格差から利益を生み出すことができる。だがそれだけではなく、現在と未来の価格差を利用することもある。

なぜか理由はわからないが、人々のあいだで突然、竹馬《たけうま》が大流行したとしよう。竹馬の生産と販売には、工場と土地、竹などの原材料、労働者に支払う賃金、宣伝予算などが必要になる。ところでこれら生産にかかわるすべての要素は、それ自体が商品なので、それぞれ値段がついている。これから工場を建て、生産を開始するまでに一年かかるとすると、企業家は以下のような可能性について考えなくてはならない。

①竹馬をつくるための生産要素も、できあがった竹馬の価格も現在と変わらない（価格の不一

致はない)。
②竹馬の価格は変わらないが、生産要素が値上がりするという不一致がある。
③生産要素の価格は変わらないが、竹馬が値上がりするという不一致がある。

価格の不一致がない場合、企業家はそこに収益機会を見出すことができない。生産要素が値上がりする(すなわち利益が減少する)と予想すれば、彼は竹馬事業から手を引き、会社の株を市場で売却するだろう。彼が竹馬事業となんの関係がなくても、自分の予想が正しいと確信すれば、市場参加者がそのことに気づく前に竹馬工場の株を空売りすることで利益を得ることができる。

*彼はなぜ、持っていない株を売ることができるのだろうか? 多くの人がここで煙《けむ》に巻かれる。だが、空売りの理屈は難しいものではない。もちろん、だれも自分のものではない株を売ることはできない。だが将来、まだ持っていない株を売る約束をすることはできる。契約期日までになんらかの方法で必要な株を調達すればいいからだ。

この場合、取引の相手方は、約束期日に現在の価格で株を買うこと(いわゆる信用買い)に合意した人である。彼らは価格がこれから上がることを期待しているが、いまは資金を投資したくないと考えている。

一方、将来の竹馬の価格が生産に必要なコストを大きく上回ると予想した企業家は、これとは正反対の行動をとるだろう。彼は竹馬工場を建設し、あるいはその会社の株式に投資する。

企業家が目をつける三つめの隠れたチャンスは、いかなる価格の不一致もともなわない。なぜならその商品はまだ生産されていないので、価格のつけようがないからである。

竹馬がまだ発明も生産もされていないとしよう。この時点では、それが人々のあいだで大流行するなんの保証もない。このとき一人の企業家が現れ、予言する。

「この竹製の歩行器具の魅力にまだだれも気づいていないが、人々がその存在を知り、有益な属性（いきなり背が高くなったような気がする）に納得するならば、それは大きな富を生むであろう」と。

そして企業家は、開発や製造のための資金調達、宣伝や販売などなど、彼のアイデアを大衆に受け入れさせるために必要なすべてのことに没頭するだろう。

チャンスのブローカー

企業家が利潤を生み出す際の活動を検討することで、その結果を評価できる。

だれもがすぐに気づくのは、「**知識**」**の集積と普及効果**である。コンピュータやインターネットのように、これまで世の中に存在しなかったものが誕生するのは明白で劇的な例だが、利潤の追求から生まれる知識は、なにもそのような特別なケースにかぎらない。企業家は市場における価格の差異を、日々刻々とわたしたちに教えてくれる。

この知識は、すべての人にとって非常に有益なものである。

青森県の人は、利益の出る価格でリンゴを買ってくれる人がいなければ、損をするよりむしろ自分で食べてしまうだろう。彼らには、自分たちがつくったリンゴに価値を見出す人がいる、という知識が不足しているのである。

一方、東京には、「リンゴは高すぎるから」と言って買うのをあきらめる人がいる。彼らは、リンゴの値段はひとつ三〇〇円であると信じ込んでいる。この場合は、リンゴはもっと安く買えるという知識が不足しているのだ。

もちろん企業家は、教師のように知識を教えるわけでも、情報を分け与えながら田舎《いなか》町を行商するわけでもない。現実には、彼の仕事が終わったあとで、青森でも東京でも、リンゴの利幅（生産地と消費地での価格差）が縮小したことに気づく人はほとんどいないだろう。それでも、青森でリンゴの卸売価格が上がり、東京でリンゴの販売価格が下がったことは、それぞれの地域の人がはっきりと感じることができる。

企業家は、知識そのものを直接、広めるわけではない。彼はそれをモノのかたちで、たとえば価格差に関する知識がなければ東京のスーパーに並ばなかったであろう一個のリンゴとして、それを広めるのである。

その意味で、企業家が人々の無知を利用しているというのは事実である。もしも多くの人が市場に存在する価格差に気づいたならば、青森から東京にリンゴを運ぶことで彼が利益を得ることは不可能だからだ。

だが、他人の無知を利用するからといって、企業家を非難するにはあたらない。**なにかを人に売るときには、それが不足している人に売るのである。**たとえその不足が無知によってもたらされたものであったとしても、不足、というか需要そのものがなくなるわけではない。農民が人々の空腹を「利用」して農作物を売るように、企業家は人々の知識の不足を「利用」して、顧客に欠けているものを供給するのである。

企業家は、だれかほかの人の損のうえに利益を積み上げているのではない。彼らが儲けたからといって、経済のほかの分野で損失が発生するわけではない。

農業や製造業だけが、生活に必要なものをつくりだすのではない。企業家もまた創造する。彼は、遠く離れた場所に住む互いになんの関係もない人たちのあいだに、協力の可能性をつくりだすのである。

彼はいわば**チャンスのブローカー**であり、みんなが利益を得られる機会を逃さないようにするのが彼の仕事だ。このような大事な役割が、「不正」だとか「不正直」だとかいって侮辱《ぶじょく》されるのは、わたしの理解をはるかに超えている。

市場の歪みを正すヒーロー

知識の効率的活用という点に加え、企業家は、彼らが存在しなければ与えられなかったであろう選択肢を人々に提供することで利益をもたらしている。技術革新はこの典型であるが、価格の歪《ゆが》みのようなもっとありふれたケースでも話は変わらない。貴重な資源が、資源そのものよりも価値の劣《おと》る製品に使われたなら、それは社会の損失である。利潤を追求する企業家は、このような不合理を避け、資源をもっと価値のある製品、すなわち消費者がより有用と見なす製品に使おうと努力する。

ここで指摘しておきたいのは、企業家の行う取引は完全に自主的なものだということだ。彼らと取引する人々は、その申し出を受け入れると同様に断る自由も持っている。もし彼が企業家の申し出に応じたならば、それは彼が、その取引から利益を得ると考えたからである。

もちろん、あとからその決断を悔やむことはありうる。もっと安く買えばよかったとか、もっと高く売れればよかったとか。しかしだからといって、企業家がその時点で双方が有益だと見なす取引を提案していた、という事実は変わらない。そしてここが大事なのだが、この弁護は、国家による完全に自主的とは言えない（強制力をともなう）取引にはあてはまらないのである。

利潤を追求する企業家がもたらすもうひとつの効果は、どのような市場であれ、彼らは同じ方法で利益を得つづけることができないということだ。**彼らの成功は、終わりの始まり**である。

企業家が価格の歪みを発見しそこから利益を摘《つ》みとると、その結果市場は効率化し、収益機会は消失して彼らの役割も終了する。愛馬シルバーとともに西部の荒野を疾駆《しっく》するなつかしのヒーロー、ローン・レンジャーのように、企業家もまた、市場の歪みを求めて旅をつづけなくてはならない。もちろん、ふたたび価格の差異が発生したならば、彼らは愛馬を駆《か》って戻ってくるだろう。

市場のばらばらになったパーツを束《たば》ねようとする企業家の努力の背後にあるものは、言うまでもなく利潤である。これは、金儲けシステムの有益な効果を証明するまたとない例だ。成功した（すなわち大儲けした）企業家とは、市場の歪みを正した者のことである。

その一方で、売るべきときに買ったり、買うべきときに売ったりする（価格の差異を解消する代わりに市場の歪みを広げ、経済を崩壊させる）企業家は、過《あやま》ちを犯せば犯すほど自らの資産を失って市場から退出していくことになる。市場の過ちを完全になくすことは不可能である。しかし市場には、それと同時に、企業家たちの活動を効率化するメカニズムがはたらいているのだ。

金儲けを中傷する人々の正体

ここまで利潤がいかに有益な効果をもたらすかを述べてきたが、金儲けそのものについてはまだ十分に検討していない。アリストテレス的「中庸《ちゅうよう》」の精神を振りかざして、「適正な利潤なら認めるが、濡《ぬ》れ手に粟《あわ》のボロ儲けは社会にとって有害なだけだ」と主張する人が世の中にはたくさんいる。

「ボロ儲け」という言葉は、いつの時代でも中傷《ちゅうしょう》的な文脈で用いられてきた。「利潤」＋「俺はあのクズ野郎が嫌いだ」＝「悪徳商人」という構図は、「意志が固い」＋「彼は間違っている」＝「クソ頑固《がんこ》オヤジ」というのと同じだ。バートランド・ラッセル（イギリスの思想家）の言うように、同じ性格でも「わたしは意志強固で君は頑固者、そしてあいつはクソ野郎」なのだ。

わたしたちはこうした悪口を、法外で桁《けた》はずれの給料を求めるサラリーマンには使わない。マスメディアによって形成された世論は、高い給料は認めても、高い利潤は気に入らないのである。

こうした言葉遊びを脇においても、**もし利潤が社会のためになるのなら、ボロ儲けはそれ以上の利益を社会にもたらすはずだ。**

ここまで述べてきたように、金儲けのチャンスがあるということは、人々が互いに利益となる取引を活用していないという意味で、市場がうまく機能していないことを示している。利益の実現とは、この失われかけていたチャンスが活かされたということだ（企業家が、「リンゴが正しく分配される」ようとりはからうように）。

もしも利潤の可能性が市場のなんらかの機能不全を意味するならば、「ボロ儲け」の可能性は、経済構造のさらなる歪みを示している。利潤の実現が市場機能の修復を暗示するならば、企業家のボロ儲けは、市場の歪みを正すために大規模な変革が行われていることを教えてくれる。

ボロ儲けは悪徳で、適正な利潤のみが道徳的なのではない。企業家の得る利益が大きければ大きいほど、経済は豊かになる。バンドエイドが切り傷を癒《いや》すのに効果があるのなら、外科手術はもっと大きな怪我を治療するのに有効である。バンドエイドは道徳的で外科手術は不道徳、などと言うのは馬鹿げている。

利潤の追求は、政治的自由と密接不可分な関係にある。

経済を動かすには、基本的に二つの方法しかない。ひとつは自主性と非中央集権化に基礎をおくもので、市場の価格調整機能と資本主義の金儲けシステムから情報とインセンティヴを与えられている。もうひとつは強制と中央集権化に基礎をおく社会主義経済で、独裁者の指令とそれに対する全員の服従とに依存している。そのほかの経済システムは、すべてこの両極端の経済システムの並べ替えや組み合わせである。

社会主義経済（強制的指令経済）は、一見シンプルに見える。経済指導者が、だれがなにをどのように生産し、だれがその利益を手に入れるのかを決めるのである。

それに対して、自由主義経済はきわめて複雑である。なにをどのように生産するかは各自が勝手に決め、その生産物を自分で使っても、だれかと交換しても自由である。市場経済は、指令によって管理される代わりに、利潤と損失のメカニズムで動いていく。

奇妙なことに、金儲けに対して悪意ある中傷を繰り広げる人たちは、人権を熱心に擁護し、権力の集中に反対する人たちでもある。しかし「利潤」と「金儲け」を非難するかぎり、彼らは自由経済を批判し、経済分野で自由に行動する権利だけではなく、人間生活のあらゆる分野における行動そのものを攻撃していることになる。

利潤や金儲け、すなわち「利益を得る」ことすべてに対する彼らの攻撃は、彼らが独裁者の側に立つことをはっきりと示している。彼らの理想が実現するのなら、利潤は厳しく制限されるかまったく非合法化され、強制的な集団主義が経済を支配するだろう。個人の自由は官僚制度からの指示や指導の洪水に飲み込まれ、消え去ってしまうにちがいない。

独裁者の命令に支配される経済では、個人の自由は存在しない。自由経済ならば、上司に辞表を出そうが、会社からクビにされようが、顧客が買うのを拒《こば》もうが、業者が商品を卸《おろ》すのを断ろうが、あなたには常に別の選択肢が開かれている。努力と才能によって、もっとましな上司や会社、顧客や問屋を見つけることができるのだ。

ところが管理された経済では、ほかの選択肢はいっさい認められない。そこでは指導からの逸脱やわずかな変更も許されない。

市民的自由を擁護する人々は、性道徳の分野においては、すばらしい洞察力と人道的見解を保持している。彼らは言う。「もしも大人同士が同意したのであれば、第三者に害を及ぼさないかぎり、なにをしようと自由である」と。

たいへん残念なことに、彼らはこの正しいルールを性道徳以外の分野に適用しようとしない。とりわけ、経済の分野には。

しかしながらこの人道的見解は、性倒錯者《とうさく》や変態やサディストやマゾヒストだけでなく、企業家や投機家を含むすべての人々に平等に適用されるべきである。金儲け主義者を排除しようとするのは、だれの権利をも侵害していない性倒錯者や変態を除《の》け者にするのと同様に不公正なことなのだ。

「管理された資本主義」幻想の罠

金儲けと自由市場に対する、最後に残された批判について検討しておこう。彼らは自由経済に一定の理解を示したあとで、決まって次のように言う。

「ずっとむかし、経済が農業中心で、人生が単純だったころにはそれでもよかったかもしれない。でもいまでは、社会はずっと複雑になってしまった。個人の時代錯誤《さくご》な気まぐれにまかせていたら市場の歪みはますます拡大してしまう。国家が市場を管理し、法外な利益を手にする者たちを規制することがどうしても必要なのだ」

この見解は世界的に広く支持されており、場合によっては「自明の理」だと思われている。しかしながら、利潤が知識の欠落と密接に結びついているのならば、論理的な結論はまったく逆になる。市場経済は知識を発見し、広め、活用するのに計《はか》り知れない役割を果たす。

「きわめて複雑な近代的〝超農業〟経済」なるものをひとことで説明するならば、それはすなわち「知識社会」のことである。知識は利潤によってもたらされるのだから、経済が複雑になればなるほど、金儲けはより重要になるはずだ。そのような経済では、利潤と損失のシステムから供給される情報が不可欠なのである。国家による市場の管理なるものは、もしそれが可能であったとしても、ひとにぎりの官僚によって容易に運営できるような単純な経済においてのみ存在しうるのである。

自由な市場から得られる利潤と、政府の援助や補助金など「管理された資本主義」から得られる利益のあいだには決定的なちがいがある。

自由な市場においては、あらゆる資金の移動はすべて自主的なものだ。利潤は市場の構成員の自主的な選択から生まれ、それゆえに経済的な需要の存在を指し示し、市場の歪みを解消することができる。利潤を得るチャンスは潜在的な取引の可能性であり、利潤の実現はその取引が現実に行われ、市場の溝《みぞ》が埋められたということだ。

自由な市場が存在しないところでは、こうした循環は成立しない。混合経済（「自由経済の要素と管理経済の要素を併せ持つ」とされる経済）における利潤とは、競争の禁止にも等しい。たとえば輸入関税の導入は、国内商品の需要を増やし、国内産業の利潤を増やすだろう。しかしこのことから、「市場に関する新たな知識がもたらされ、消費者の満足度が向上した」と結論づけることはできない。もしあるとすれば、話はまったく逆である。

利潤と幸福のつながりは国家によって引き裂かれ、われわれはもはや、利潤というすばらしい道具と幸福とを結びつけることができなくなってしまったのである。

ガシャーン
ガシャーン
スケールのでかい
ポイ捨てだな

ポイ捨て

ポイ捨ての定義

今日、ポイ捨てを擁護《ようご》する人はほとんどいない。「ポイ捨てを解禁せよ」などと言おうものなら、「環境に配慮する」人々から猛烈な〝口撃〟を受け、たちまち村八分にされるだろう。マスコミは「アンチ・ポイ捨て」メッセージを公共サービスと称して垂《た》れ流し、町内会やPTAや市民団体や宗教団体はポイ捨て反対で合意を結んでいる。議論の分かれる問題を慎重に避けて通る映画業界も、ポイ捨てへの嫌悪にはなんの異論もないようだ。価値観の多様化のなかで、ポイ捨てする者は偉大なる社会の「統一者」なのだ。

しかし彼ら「反ポイ捨て派」の議論には、一見すると無意味な、ちょっとした問題がある。それはポイ捨てが公共の場所でのみ生じ、私的な場所ではけっして起こらない、ということだ。「ポイ捨て禁止」の看板は、高速道路やビーチ、商店街や公園、地下鉄や公衆トイレなどでよく見かけるが、これらはすべて公共の場所である。

「**ポイ捨ては公共の場所で起こる**」というのは、たんなる事実の指摘ではない。これはポイ捨ての定義なのだ。もしもあらゆる面でポイ捨てにそっくりなことが私的な場所で起こっても、それはポイ捨てとは見なされない。野球場や映画館、劇場、コンサート会場、サーカスのテントから観客が去ったあとに、椅子の間や通路に残されたものは「ゴミ」とか「クズ」とか呼ばれるが、ポイ捨てではない。

平日の夕方になると、掃除人たちが銀行や商店、レストラン、オフィスビル、工場などにやってくる。彼らの仕事は「掃除」であって、ポイ捨ての撲滅《ぼくめつ》ではない。それと同時に衛生局の清掃車が、公共の通りや公園をまわり、ポイ捨てされたゴミを拾っていく。

公共の場所にゴミを放置することと私的な場所にゴミを残していくことのあいだに、本質的なちがいはない。どちらもやっていることは同じなのだから、一方のみを「ポイ捨て」と呼ぶ理由はない。いずれの場合も、ゴミを出すことは生産や消費の過程の一部だからだ。

ポイ捨てをそのままにしておいて、あとから拾うのが最善の場合もある。

たとえば大工にとって、はたらいているあいだじゅう、木屑《きくず》を拾いつづけるのは現実的ではない。「ポイ捨てゴミ」である木屑を休憩時間や一日の終わりにまとめて集めて捨てるほうが、ずっと簡単で安くすむ。もちろん工場主は「反ポイ捨てキャンペーン」を展開して、大工たちに自分の仕事場から木屑の山をなくすよう強制することもできるだろう。一万円の罰金で脅《おど》して、規則を守らせることだって不可能ではない。しかしこの理不尽な規則のせいで大工たちが辞めてしまうかもしれないし、仮にそうでなくても、生産コストの急激な上昇で競合他社に仕事をとられてしまうだろう。

その一方で、病院ではポイ捨ては許されない。手術室や診察室、処置室などは常に衛生的でなくてはならないし、よく掃除されて塵《ちり》ひとつあってはならない。強力な「反ポイ捨てキャンペーン」を実践できない病院は、患者たちのあいだで不衛生との評判がたち、経営者は財政的困難に追い込まれるだろう。

消費者相手のビジネス、たとえばほとんどのレストランでは、「反ポイ捨てキャンペーン」は実行されない。レストランの壁に、フォークやナプキンやパン屑《くず》を落とすことを禁じる警告が貼ってあることはない。ポイ捨てを禁じるのはレストラン経営者の自由だが、それでは客をほかの店にとられてしまうだろう。

これら一見してなんの関係もない例に共通していることは、市場においては、どのようなポイ捨てなら許すか（あるいは許さないか）は消費者のニーズが決める、ということである。この問題はそれほど単純ではなく、「ポイ捨てを排除しろ」とだれもが叫んでいるわけではない。ここではむしろ、ゴミを集積させることと掃除することのコストと利益が、注意深く計《はか》られているのである。

ポイ捨てが起こりえない場所

ゴミ集めのコストが低く、ゴミを放置することで引き起こされる害が大きい場合は、掃除は頻繁に行われ、職場を汚《よご》すことに厳しい罰則が科《か》せられるだろう。医療機関がその典型である。その反対にゴミ集めのコストが高く、ゴミの山積による害が小さい場合は、掃除はそう頻繁には行われず、罰則が科せられることも少ない。

こうした方針のちがいは、国家の法律によるものではなく、市場プロセスの結果である。コストと利益の分析を正しく行わない企業家は、顧客を怒らせたり、不必要に高いコストを支払ったりして、市場から退出していく。

人々の欲望やニーズに基づいたシステムはとても柔軟性がある。これまでの例からもわかるように、ポイ捨てに対する方針は個々の状況に応じて決められている。しかもこのシステムは、ゴミ回収のコストであれ、放置されたゴミの害であれ、あらゆる変化に素早く対応できる。

あらゆるゴミを即座に掃除する機械が病院に導入されたり、ゴミに関する消費者の受け止め方が変われば、病院経営者がその厳しい反ポイ捨て主義を緩和《かんわ》する必要にせまられるかもしれない。最新の技術や消費者の嗜好《しこう》に対応できない病院は、競争相手に患者を奪われることになるだろう（これは私立病院の場合である。税金で運営されている公立病院には、そもそも患者を喜ばせるというインセンティヴがない）。

その一方で、野球場の座席の下に放置されるソーダ缶やポップコーンの箱が伝染病の原因になることが発見されたり、試合観戦の邪魔になると文句を言う観客が増えたら、ポイ捨てに関する球場の規則は、法律の改正など必要とせずに、球場経営者によって自主的に強化されるにちがいない。

ところが公共の場所におけるポイ捨てには、人々の欲望やニーズにこたえるこうした精妙なシステムは存在しない。公共の場所は国家の一部であり、国家は国民（消費者）の需要をいつも尊大な態度で扱い、事実上無視している。

政府は、ポイ捨てを絶滅するとの強固な意志を持って人々の（ポイ捨てしたいという）欲求に敵対する唯一の組織であるが、それゆえに、消費者のニーズや進化する技術に適応することをかたくなに拒《こば》んでいる。

＊道路使用のニーズ（すなわち交通渋滞）に対して行政が行うのは、強制的な車の乗り入れ規制である。駐車場利用のニーズには、収益を目的としない公共団体は公園の夜間使用禁止で対応する。

国家は市場の埒外《らちがい》にいるから、このような振る舞いが可能になる。政府は、市場での自由な取引から利益を得るわけではない。国家の収入は税金であり、それは消費者を満足させることとはなんの関係もない。

「ポイ捨ては他人の権利を軽視する」と政府は言う。しかし、私的な場所でのポイ捨てを見ればわかるように、この議論には意味がない。もしもポイ捨てが権利の侵害で、他人を思いやることを拒絶するものだと言うのならば、レストランや野球場や工場におけるポイ捨てはどうなるのであろうか。

私的な場所では、ポイ捨ては消費者のニーズを満たす手段である。出された料理を食べるのと同様に、パン屑を床にポイ捨てすることも、レストランのオーナーの権利を侵害してはいない。どちらも金を払っているのだから。

不公正なシステムに対する抗議行動

公的な場所で柔軟なポイ捨て政策を維持できない政府の失敗を、どのように考えるべきだろうか。適切な方法で対処するよりも、なにかを完全に禁止してしまうほうがずっと簡単だとしても、それは政府が無関心なためではない。どのような政府であっても――どれほど関心を持ち、どれほど有能であっても――柔軟なポイ捨て政策を実施することはできない。自由な市場と利益―損失システムだけが、ポイ捨てのコストと利益を計算し、適応に失敗した経営者を退出させることができる。もしも国家がこのようなシステムを導入したら、それはもはや国家ではない。なぜなら市場経済の参加者は、消費者の満足とはまったく無関係な徴税組織に頼ることができないのだから。

柔軟性に欠ける政府のシステムは、ときに奇妙な状況を生み出す。

何年ものあいだ、ニューヨークには飼い犬に路上でフンをさせることを規制する効果的な手段がなかった。そこでいま、「犬よりも子どもが大事!」というスローガンをかざした市民団体によって、路上における犬のフンを禁止する運動が行われている。

ここで興味深いのは、「犬フン容認派」からも、「犬フン禁止派」からも、市場の柔軟性が完全に無視されていることである。犬の「ポイ捨て」を特定の場所に制限する、という発想はどこにもない。議論は、犬のフンを完全に禁止するか、完全に容認するかをめぐってたたかわされている。

では、車道や歩道を私有地にしたらどうなるだろう。それにつづいて生じるであろう有益な結果を想像してみてほしい。市場経済の柔軟性によって、必ずや報酬目当ての企業家が、犬猿の仲にある二つのグループをともに満足させる方法を編《あ》み出すことだろう。

犬の飼い主は、いまは無料の犬フンが有料化されることを嫌って、道路の私有化に反対するかもしれない。だがこの考えは間違っている。なぜなら、犬の飼い主も含めて、いかなる個人も道路を無料で使用していないからだ。

国家から供給されるあらゆるモノやサービスと同様に、わたしたちは道路にも、税金を通じてお金を払っている。それも、道路をつくるコストだけでなく、その維持や警備、清掃にかかわる費用もわたしたちの負担なのだ。

この分野で自由な市場がどのように機能するか正確に予測することは難しいが、ちょっとした予想を述べてみよう。

何人もの企業家が、私有地である道路にフェンスで囲《かこ》まれた砂地をつくり、散歩中の犬に開放するだろう。この企業家は、二種類の異なる契約を結ぶ。ひとつは犬の飼い主と砂地の使用料を定めるもので、もうひとつは犬のフンを回収するために清掃業者と結ぶ契約である。ほかの商売と同様に、犬用の砂地の設置場所や総数は消費者（犬の飼い主）の需要によって決められることになるだろう。

国家のシステムは柔軟性を欠いており、消費者の嗜好《しこう》に対応しようという気もまったくない。そのような社会における、ポイ捨てする人の役割とはなんだろうか。

ポイ捨てする人は、公共の場所を私的な場所と同じように扱っている。つまり、彼はゴミをそこらじゅうに置き去りにしている。

その行動は絶対的な悪ではなく、融通の利かない国家がなければ、それは私的な場所と同様に、公的な場所でも広く受け入れられることになろう。ポイ捨ては人々のニーズによって規制されるべきであって、法律によって規制されるべきものではない。

ポイ捨てする人は「社会の敵」などではなく、ヒーローである。彼らに向けられる激しい敵意や中傷《ちゅうしょう》にもかかわらず、断固としてポイ捨てする勇気には見るべきものがある。そのうえさらに重要なのは、彼らの行動が**不公正なシステムに対する抗議行動**だということだ。

ポイ捨てする人は、「法律を自らの手に取り戻す」べく、たたかっているのである。

環境を保護しない人たち

バンザーイ
地球は
金のなる
木だね

「意図的な粗悪品」理論のウソ

自由な市場を諸悪の根源と考える人々は長いあいだ、企業の経済活動は消費者にわざと粗悪な製品を売りつけることだと疑ってきた。

営業マンは、高品質で長持ちする製品を売ることになんの興味もない。劣悪な安物を計画的に生産したほうがずっと儲《もう》かるに決まっている。粗悪品はすぐにダメになってしまうので、消費者はなんども買い替えなくてはならない。こうして企業は商売に成功し、繁栄を謳歌《おうか》する――。

〝消費者運動〟のめざましい成果によって、こうした考えはいつのまにかわたしたちの頭に染みついている。

「意図《いと》的な粗悪品」理論は明らかに間違っている。エコロジー運動家や、ネオ・マルサス主義の「人口ゼロ成長」派の登場によってこの誤《あやま》りを指摘することはますます重要になってきている。

人口爆発の理論によれば、人類はまもなく、宇宙船地球号の定員をはるかに上回る人口を抱えることになる。エコロジーの観点からは、われわれ（つまり資本主義経済）はあまりにもこの惑星の資源を無駄遣《づか》いしている。それ以外にも、「意図的な粗悪品」は悲劇としか言いようがなく、まったく不必要な浪費だという批判がある。ようするに彼ら反資本主義、反グローバリズムの人たちは、健康で良識ある経済に対する知的・道徳的・物理的脅迫を展開しているのである。

そこでまず、彼らの批判が経済学的に正しいかどうかを検討してみよう。長持ちする製品をつくるにはより大きなコストがかかるのだろうか。粗悪な製品が生まれるのはメーカーが労働者に命じたからなのか、あるいはそのほうが安上がりだからか。

劣悪な製品をつくってもいかなるコストの削減も実現できない場合、それは「意図的な粗悪品」である。マトモな商品のどこかに仕掛けられた時限爆弾のように、なにも知らない消費者は計画された〝自爆〟に巻き込まれることになる。このような行為は明らかな浪費であり、経済学的に言うならば、社会は代替コストなしにより高品質の製品を手に入れる機会を逸《いっ》している。

しかしこのような事態は、市場経済で生き残ろうとする私企業では起こりえない。わざと粗悪品をつくるような企業は、利益を失い、損失を被《こうむ》り、最終的に倒産してしまうだろう。

消費者は、割高な値段で粗悪品を売るメーカーの製品を買わなくなり、同じ値段でより品質のよい商品をつくる会社を支持するだろう。粗悪品を売る会社は、思い切った値下げでもしないかぎり顧客の大半を失い、それをほかのメーカーが奪うにちがいない。

国家とカルテル

もちろん、これだけでは話は終わらない。消費者が恐れているのは、個々の企業が意図的に粗悪品を製造することではなく、すべての企業が談合してそうすることである。消費者は逃れられない罠《わな》にはまってしまうのだ。

ところで、もしすべての企業がカルテルを結び、買い替えを増やすため粗悪品の生産に合意したとしたらいったいなにが起こるだろうか。その場合は、すべてのメーカーがより高品質の商品を製造する、すなわち、合意をごまかすことに強く惹《ひ》かれるのは明白なように思われる。

ほかのメーカーが律義に合意を守っているのなら、ほんのすこしマシな商品を売り出しただけで、消費者の圧倒的な支持と莫大な利益が約束されている。カルテルを結んだのは利益を得るためであるが、儲けたいというその欲望が合意を破るようメンバーを唆《そそのか》すのである。

それにくわえてカルテルは、合意にくわわっていない企業に新規参入の強い誘因を提供する。カルテルに参加しているメーカーよりもほんのすこしよい製品をつくるだけで、顧客と利益を獲得する大きなチャンスが転がり込んでくるのだから。

カルテルが成功すればするほど、カルテルを壊そうとする力が強まる。強力なカルテルが成立すれば製品の質は著《いちじる》しく劣化するが、品質が低ければ低いほど顧客を引きつけるのは簡単になる。ほんのちょっと質をよくするだけで、消費者は飛びついてくるにちがいない。

宣伝や広告も、カルテルにとっては大きな障害になる。すべての企業は自社製品のブランド価値を高めようと必死になっているが、もしも意図的に品質を落としたならば、これまで費《つい》やしてきた莫大な広告予算をドブに捨てることになる。

独立した商品評価機関やマスメディア、インターネットの匿名《とくめい》掲示板も、カルテルを阻止し、破壊する力になる。各メーカーの品質は厳しく監視され、ほんのわずかな欠陥も消費者に広く知られるようになるだろう。

最後に、たとえカルテルの全メンバーが合意を守り、部外者が参入しないという理想的な条件が整っても、意図的な粗悪品の製造は成功よりも失敗の可能性が高い。すべてのメーカーがまったく同じレベルに品質を保つことは、事実上不可能だからだ。品質制限をついうっかり緩《ゆる》めただけで、そのメーカーの製品は高い評価と多くの顧客を獲得し、利益をあげるだろう。

市場は常にテストの場である。劣悪な製品をつくるメーカーは破産し、強制的に退出させられる。生き残りたければ、テストに合格するしかない。

自由な市場では、企業はカルテルを維持できないことは明らかである。しかしここに国家が介入してくると話は変わり、談合の維持も、意図的な粗悪品の生産も可能になってしまう。

もしも政府が、特定の産業への新規参入に中世のギルド並みの厳しい規制を設けたら、競争は減り、カルテルの形成は促進される。このようにして既得権は維持され、同業者同士で結んだいかなる合意も守られるだろう。彼らが製品の質を落とすよう談合したならば、その戦略は成功する可能性がある。

国家による干渉の効果はいたるところで観察される。医療を例に考えてみよう。

厚生労働省は、長いあいだ鍼灸《しんきゅう》治療の保険適用を認めてこなかった。西洋医学以外の代替医療は医師の地位を脅《おびや》かすものとして、医師会が強大な圧力をかけたからである。このような配慮によって、医療サービスの質にかかわらず、医師の収入は高く保たれてきた。同様に精神科医や心理療法家も、国家の力を借りて、彼らと競合する民間治療者（エンカウンターグループのリーダーとか）を、無資格診療で排除しようとしている。

国家はまた、カルテルを壊す内在的な力がはたらくのをたびたび妨《さまた》げてきた。アメリカの鉄道カルテルはその好例だ。

アメリカの鉄道会社は、かつてカルテルを形成し、運賃の値上げとサービスのカットに合意した。ところが価格と需要の法則のとおり、運賃値上げで乗客数は減り、各社の利益は減少してしまった。そこで各鉄道会社は、合意した運賃を引き下げることで、他社の顧客を奪おうとした。もちろん、これはカルテルに違反することになる。そこで運賃値下げは、リベートのかたちでこっそりと実施された。ところが政府は、各社のこうしたカルテル破りを認めるどころか、逆にリベートを禁止してしまった。こうしてアメリカの鉄道産業は衰退の一途をたどったのである。

さらに国家は、劣悪な製品のせいで市場競争に生き残れない企業を支援することで、「意図的な粗悪品」を促進しさえする。政府の提供する補助金の多くが、消費者のニーズにこたえられないため市場からの退出を促された企業を救済するために使われたことは、これまでの歴史が示すとおりである。

市場が求める製品

では次に、品質を向上させるのにコストがかかるケースを検討してみよう。ここでもわれわれは同じ結論に到達する。自由な市場では、「計画的に粗悪品をつくる」ことは日々行われているが、これは無駄でもなければ無意味でもない。それは、消費者に提供される品質の選択の一部なのである。

タイヤの価格と寿命の関係を考えてみてほしい。

タイヤの購入を考えている消費者は、高品質で高価なタイヤか、低品質で安価なタイヤかの選択肢を与えられる。たとえば一〇〇〇〇円のタイヤは一万五〇〇〇円のタイヤほど長持ちしない。安物のタイヤはすぐに擦《す》り切れるようにつくられているのである。

これも「意図的な粗悪品」の例であるが、いったいどこに浪費があるだろうか。

低価格タイヤをつくるメーカーは消費市場に巧《たく》みに適応している。彼らは、無知な消費者をだまして劣悪な製品を買わせているのではない。顧客の欲しがるものをつくっているだけである。

もしもこのメーカーが消費者団体からの圧力で製造を中止したら、市場における低品質タイヤの価格は自然に上昇するだろう。供給が止まっても需要は存在しつづける。そしてこの価格の上昇は、タイヤメーカーにとって、低品質タイヤの分野に戻ること（あるいは新規参入すること）への抗《あらが》いがたい誘因となる。このようにして、市場は消費者のニーズを満たしていく。

紙皿は、品質によって価格のちがいがある場合に、「意図的な粗悪品」が無駄でないことを示すよい例である。いったいだれが紙皿メーカーを、「粗悪品を消費者に売りつけている」と非難するだろう。

タイヤと同様に、皿にも質と価格のさまざまな組み合わせがある。消費者は用途と財布の中身に応じて、紙皿やプラスチックの皿、焼き物の皿、さらには最高級のメイド・イン・チャイナの皿を選ぶことができる。

紙ナプキンの急速な劣化に無頓着《むとんじゃく》な人が、車がすぐに故障するといって「粗悪品」に文句を言うのもおかしな話だ。いずれの場合も、より高い価格でより高品質の製品が手に入ることに変わりはない。

消費者に選択がまかされているにもかかわらず低品質の車が故障すると苦情を言うことは、紙コップが長持ちしないといってクレームをつけるのと同じくらい無意味である。安価な製品は、高価な製品のように長持ちさせなくてもいいから、安いコストで生産できるのである。消費者の嗜好《しこう》を反映した「意図的な粗悪品」は、明らかに無駄ではない。

ここで、次のように反論する人がいるかもしれない。「紙皿が消費者をだましているわけではないとしても、そもそも使い捨ての紙皿そのものが木材資源の浪費ではないのか」と。

こうしてエコロジストたちは、「低品質の製品は、高品質の製品よりも多くの資源を浪費している」と主張する。たしかに、製品の質が低いほど頻繁に買い替えや修繕が必要になるのは間違いない。しかしその一方で、高品質の製品は最初の段階でより多くの資源を消費している。初期に多くの自然資源を浪費する高品質の製品と、継続的に資源を浪費（修理や買い替え）する低品質の製品を、単純に比較することはできない。

自由な市場では、消費者が最適な価格と品質のバランスを選択し、すべての製品は、消費者から見てもっとも無駄のないようにつくられる。

「流行はすぐに変わるから、五年も長持ちする洋服なんて無駄だ」とみんなが思えば、メーカーは一シーズンか二シーズンで着られなくなる安い服のほうが利益になると判断する。もしも市場が求めるなら、紙で使い捨ての洋服をつくることだってするだろう。

同様に、人々が長持ちする車を欲したら、メーカーはそのような選択肢を用意する。顧客が最新の設備や機能を備えた快適な車を希望すれば、高い価格でフル装備の高級車を売り、シンプルな車を好む顧客には、ごてごてした装飾を廃してより安い価格の実用車を提供するだろう。

自由な市場こそ地球を守る

自由な市場では、資源を使い果たすことは深刻な脅威にならない。資源の欠乏が進めば、それを修正する強い力が自動的にはたらくからだ。

たとえば、もし木材が供給不足に陥《おちい》ればその価格は上昇する。その結果、消費者は木材を使わない製品を買うようになるだろうし、メーカーは木材の代替品を積極的に利用するだろう。洋服ダンスや食卓テーブルや池のボートはほかのより安価な材料からつくられ、新しい合成素材が開発されるにちがいない。

その一方で、価値の高まった中古木材は効率的にリサイクルされ、古紙を化学的に再処理する再生紙ビジネスがシェアを伸ばすだろう。さらに木材の値上がりは、林業に携《たずさ》わる人たちに苗を植え森を育てるインセンティヴを与える。

このようにひとつの、あるいはいくつかの資源が欠乏したとしても、自由な市場にはそれを調整する仕組みが組み込まれている。このメカニズム、すなわち価格システムが妨げられないかぎり、稀少資源はほかの安くて豊富な資源に代替され、よく保存されることになるであろう。「ひとつや二つではなく、すべての資源が欠乏してしまったらどうするのか」との恐怖におびえる人がいるかもしれない。

人類がすべての資源を同時に使い果たしてしまったらいったいなにが起きるのか——。これはSF小説のテーマだが、しばらくのあいだ、この興味深いテーマにつきあってみよう。

前提条件として、地球上からすべての資源が魔法のように消えてしまうわけではない、とする。もしそんなことになれば、どんな提案も無意味だからだ。同様に、地球が突然しぼんでしまうこともない。

ここで想定するのは、あらゆる経済資源が使い果たされ、灰やゴミや塵《ちり》になってしまうことだ。石炭が燃焼過程で発生する物質に取って代わられるように、石油や天然ガスなどすべての資源がわれわれにとって役に立たないものに変わってしまうのである。

この恐怖を考える際に、二つのことを頭に入れておかなくてはならない。

第一に、現在のエネルギー源が枯渇《こかつ》しても、新しいエネルギー源が見つかるか、開発されるだろうと信じるにたる十分な理由があること。人類は石器時代から青銅器時代、鉄器時代へとその歩みを進めてきた。科学技術の進歩がわれわれの時代で終わると考える理由はどこにもない。石炭が枯渇すれば、石油がそれに替わった。今後はおそらく、原子力などの代替エネルギーが使われるようになるだろう。科学技術を一方的に無視するのは、議論をどうしようもなく歪《ゆが》めるだけだ。

第二に、あらゆるエネルギーの源《みなもと》は太陽だということだ。これまでもそうだったし、どれほど科学が進歩してもこれだけは変わらない。

しかし太陽それ自体は、永遠に輝きつづけるわけではない。もしも人類が太陽を再活性化したり、ほかの太陽系に移住するだけの技術を保有していなかったなら、太陽の消滅と同時に地球上のあらゆる生命が死滅する。この「地球最期の日」にわれわれが人類を救う科学技術を持っているかどうかは、現在の選択次第である。

もしわれわれが地球の資源を「搾取《さくしゅ》」し、「浪費」し、代替品を開発し、そこから学ぶことができたなら、科学技術は進歩しつづけるだろう。一方、恐怖に駆《か》られ、「なにをやったって無駄だ」とあきらめ、いまある資源を後生大事に保存するだけでは、そこから先への成長はない。人類は、オーストリッチ（ダチョウ）のように地面に頭をうずめ、太陽が消え世界が終わるのをひたすら待つのである。人口を増やし、資源を有効利用する科学技術を放棄して……。

労働基準法を遵守しない経営者

労働基準法が失業を促進する

「最低賃金法やそのほかの〝進歩的〟な法律が存在しなかったら、貪欲《どんよく》で搾取《さくしゅ》的な資本主義のブタどもは、安い賃金で労働者をコキ使うだろう。われわれは、運がよければ女工哀史の時代に、悪くすれば、人類がしばしば飢えとのたたかいに敗れていた産業革命以前の時代に逆戻りしてしまうにちがいない……」

労働者の最低賃金を定めた労働基準法を擁護《ようご》する人たちは、こう言ってわれわれを脅《おど》してきた。だがこの耳にタコができそうな主張は正しくない、というか、悲劇的なまでに間違っている。この法律は、どこにもいない悪者を相手にしている。その結果なにが達成され、なにが起きたのか？

労働基準法は、正確に言うならば、雇用を安定させるための法律ではない、**失業促進のための法律**である。その趣旨は、雇用主に対して最低賃金以上で労働者を雇《やと》うよう命じることではない。法で定められた賃金以下で労働者を「雇わない」よう強制することである。

この法律のせいで、必死になって職を探し、最低賃金以下でも喜んではたらきたいと願う労働者は仕事にありつくことができない。国家は、低賃金か失業かという選択肢に直面している労働者に、失業を選ぶよう義務づけているのだ。労働基準法は、労働者の賃金を引き上げるのになんの役にも立たない。ただ、基準に合わない仕事を切り捨てるだけだ。

ところで、法で定められた最低賃金が存在しない社会では、賃金はどのように決められるのだろうか。労働市場に十分な供給（仕事を求める労働者）と十分な需要（はたらき手を探す雇用主）があれば、賃金は経済学者が言うところの**「労働の限界生産力」**によって決まる。労働の限界生産力というのは、労働者をもう一人雇ったことで雇用主が受けとる追加の利益のことである。

ある工場では、労働者をもう一人雇うと一ヵ月に二〇万円利益が増えるとする（この「利益」は、原材料費や一般管理費や税金など、給与以外のすべてのコストを除いた純利益）。この場合、労働者の限界生産力は一ヵ月二〇万円で、彼に支払われる賃金もこの額に等しくなる傾向がある。もちろん、賃金は安ければ安いほど雇用主の儲《もう》けは大きい。できることなら一銭も払いたくないと思っている。ではなぜ、こんなことが起きるのか。

そのこたえは、工場同士の競争にある。

たとえば、ある労働者の限界生産力が一時間あたり一〇〇〇円だったとしよう。もし彼を時給五〇円で雇ったら、雇用主は一時間あたり九五〇円の利益を得る。だがほかの雇用主たちも、同じように彼の労働力に値段をつけるだろう。たとえそれが時給六〇円や七〇円や一〇〇円であっても、利益はまだまだ大きい。

この労働者の獲得競争は、時給一〇〇〇円のレベルで終わることになる。労働者の限界生産力と等しい賃金が支払われてはじめて、彼の労働力にそれ以上の値段をつけるインセンティヴがなくなるからである。

ここでもし雇用主たちが、労働者を時給五〇円以上で雇わないと互いに合意したとしよう。国家の支援を得て雇用主がカルテルをつくっていた中世ではよく見られたが、一定の金額以上の賃金を禁じる法律を通すのだ。

このような契約は、国家の介入があるところでしか成立しない。なぜだろうか。

カルテルが存在しない世界では、雇用主は、最大の利益を生むと信じる数の労働者を雇う。もし彼が十人の労働者を雇ったら、それは彼が、十人分の賃金よりも彼らが生み出す生産物の価値が大きく、十一人になるとコストのほうが大きくなると考えているからである。

ここでカルテルが成立し、時給一〇〇〇円の限界生産力の労働者の給与を時給五〇円に引き下げることになったとしよう。すると、労働者の数に比例して儲けは大きくなるから、工場経営者はより多くの労働者を雇おうとする。これが、**「価格と需要の法則」**（値段が安ければ安いほど多くの人が買いたがる）として知られるものである。雇用主の目から見て限界生産力が時給一〇〇〇円に満たない——すなわち時給一〇〇〇円を支払う価値のない——労働者も、時給五〇円なら喜んで雇われるだろう。

これが、カルテルを破壊する最初の要因になる。限界生産力と実際の賃金の差が大きければ大きいほど、カルテルに参加している雇用主は仲間の目をごまかすことで大儲けのチャンスを手にすることになる。

最初は一人、二人、やがて次々と、雇用主はほかのカルテルのメンバーに隠れて労働者に秘密の報酬を約束するようになるだろう。その報酬はどこまで上がるのか？ すでに説明したように、時給一〇〇〇円に至るまでこのごまかしはつづく。

自由な労働市場

二つめの要因は、カルテルに所属していない雇用主が、彼らをごまかすつもりがなくても、より高い時給で労働者を雇いたがるということだ。これもまた、時給を五〇円から一〇〇〇円に引き上げる原因になる。カルテルの存在しない地域でこれから事業を始めようとする人も、これまで人を雇う余力のなかった自営業者も、パートしか使っていなかった工場主も、こぞって賃金水準の向上に貢献することになる。

世の中の賃金水準をまったく知らない、孤立した地域に暮らす労働者にも、この力ははたらく。取引に参加する双方が、関連するすべての知識を持っている必要はないからだ。

一般には、情報の不平等は「不完全な競争」を生み、経済の法則がはたらかなくなると言われてきた。しかしこれは間違っている。

たしかに、労働者はたいてい労働市場に関する全般的な知識など持っておらず、それに比べて雇用主は、はるかに多くの情報を集められる。だが、これでなにも不都合はない。

労働者は、自らの就業機会についてよく知らないかもしれないが、その一方で彼は、より賃金の高い仕事がよい仕事だ、ということは十分にわかっている。ということは、雇用主のやることはひとつしかない。限界生産力よりも低い賃金ではたらいている労働者の前に行って、より高い賃金を申し出ればよいだけだ。

自由な労働市場では、こうしたことがごく自然に起きる。雇用主の強欲は、「あたかも見えざる手のごとく」低賃金労働者を探し出し、高い賃金によって彼らをおびき出すよう仕向けるのである。その結果、労働者の賃金は、最終的には限界生産力の水準まで引き上げられるだろう。

これはなにも、都市部の労働者にかぎったことではない。工場の仕事のことなどなにも知らず、あるいは知っていても町まで行く金のない辺鄙《へんぴ》な田舎《いなか》の労働者にもあてはまる。彼らの賃金は恐ろしく安いので、工場経営者にとっては、わざわざ田舎まで出向いて人集めをし、寮や食事の面倒を見ても十分に元がとれるのだ。

中国や南米からやってくる外国人労働者も同じである。彼らのほとんどは、日本の労働市場についてなんの知識も持たず、儲かる仕事を探す旅に出る金もない。そこで工場主は研修の名目で彼らを呼び集め、生活の世話をし、日本語学校の学費まで出してやるのだ。

いまや工場経営者は、3K業種ではたらく労働者を求めて、中国やベトナム、中南米にまで出かけていく。彼らは労働経済学など聞いたこともないだろうが、それでもちゃんと経済法則がはたらいているという雄弁な証拠である。

＊外国人労働者の劣悪な労働条件に対する批判はある。しかしこれは、たいていが経済的現実を知らない善意の人々か、外国人労働者を無意識に差別している人々による議論である。外国人労働者は、賃金や労働条件を、彼らの国に比べて好ましいと思っている。だからこそ、強制送還の危険をおかしてまではたらきにくるのだ。

最低賃金引き上げがニートを拡大

近代の市民社会が石器時代に逆戻りしないよう歯止めをかけているのは、国家の定めた最低賃金ではない。労働者の賃金が限界生産力を下回らないよう保障しているのは市場の力であり、自分の利益を最大化しようとする企業家の強欲である。そして生産力の水準は、科学技術や教育、資本の蓄積によって決まるのであって、「進歩的」な法律によってではない。労働基準法は、自らが主張しているような役割を果たしてはいないのである。

では、いったいなにをしているのだろうか？

もしも法律で、最低賃金が時給七五〇円から一五〇〇円に引き上げられたとしたら、労働者の行動はどのように変わるだろうか。彼が正式に雇用されていたならば、より長くはたらきたいと考えるだろう。パートは正社員になりたがり、失業者はなんとか職にありつこうとするだろう。

その一方で、経営者はまったく逆の反応を示すにちがいない。賃金の引き上げを強制されれば、労働者を片っ端から解雇したくなるはずだ（そうでなければ、強制される前に賃上げを実施しているだろう)。

もちろん彼は、生産をつづけなくてはならないので、この状況をすぐに調整することはできない。しかし徐々に、思いのほか高くつくことになった未熟練労働者を、数は少ないがより能力の高い労働者に置き換え、工場を機械化することで人件費を抑制しようとするだろう。

初級経済学の授業では、商品が均衡状態よりも高い価格で固定されると供給過剰になることを学ぶ。同様に、この例では時給七五〇円以上に最低賃金が引き上げられると、労働力の過剰、すなわち失業が発生する。偶像を叩《たた》き壊すようで申し訳ないが、**最低賃金が失業をつくり出しているのは明らかな事実である。**賃金水準が上がれば、はたらきたい人(供給)は増え、手に入る仕事(需要)は少なくなる。

ここで問題になるのは、最低賃金がいったいどれほどの失業を生み出しているか、ということだ。これは未熟練労働者が熟練労働者と機械の組み合わせに取って代わられるスピードによる。アメリカでは、最低賃金法が時給四〇セントから七五セントに引き上げられたときエレベータガールが絶滅した。多少時間はかかったが、いまではほとんどのエレベータが自動運転である。同じ運命が、皿洗いたちにも待っていた。彼らはいまや自動食器洗い機に取って代わられており、この機械は熟練労働者によって操作され、修理されている。こうした過程はまだまだつづき、最低賃金法が賃金水準を上げ、より多くの労働者に適用されることになれば、解雇される未熟練労働者の数も飛躍的に増える。

ここで強調しておくべきことは、**法に定められた最低賃金はその賃金水準以下ではたらく人にのみ影響を及ぼす**ということだ。すべての人が時給七五〇円以上ではたらくことを法が命じても、時給一〇〇〇円を稼《かせ》ぐ人にはなんの影響もない。

労働基準法が低賃金労働者の所得を増やすことにつながると信じている人は、もし最低賃金が時給一万円になったら、なにが起こるかを考えてみればいい。雇用主が時給一万円を喜んで払うようなすばらしい生産力を、われわれのうちいったい何人が持っているというのか。その大金に見合うと思われる者だけがはたらきつづけることを許され、残りは解雇される。

もちろんこれは極端な例だが、そこで作用する原理は同じだ。法律によって賃金が上げられれば、生産力の低い労働者はクビになるのである。

労働基準法によって傷つくのはだれか？　技術や資格がなく、法で定めた賃金水準以上の生産力を持っていない労働者である。十代、二十代の若年層の失業率は一〇パーセントに達し、定職を持たないフリーターの数は五百万人を超えたという。そのうえこの数字は、就職難を前にして仕事を探すことをあきらめた多くの若者たちを考慮に入れていない。

就職しないことで失われるものは、収入だけではない。さらに重要なのは、彼らが手にしたであろう就業経験である。時給七五〇円の最低賃金が撤廃され、時給五〇〇円（それ以下でも）ではたらくことができれば、何年かのちには時給一〇〇〇円を手にするだけの技術を身につけることができるかもしれない。しかし現実には、彼らははたらく代わりに路上でたむろし、将来、自分を刑務所に送ることになるであろう「技術」を学んでいる。

ニートの若者が直面する最大のハードルのひとつは、最初の仕事を見つけることだ。企業はますます実務経験を求めるようになっているのに、だれも雇ってくれなければどうやってそれを身につけるのか。だが労働基準法がある以上、企業が即戦力となる人材を希望するのはなんの不思議もない。

また皮肉なことに、法律で最低賃金が決められていると、その賃金以上の価値のある労働者も解雇されてしまう。なぜなら時給七五〇円で雇われるためには、一時間に七五〇円分の価値があるだけでは十分ではないからだ。

経営者は、間違った判断をすれば損をし、たびたび間違えば倒産してしまう。そのリスクを考えれば、限界生産力七五〇円の労働者に時給七五〇円を払うわけにはいかない。雇われるためには、労働者は最低賃金以上の価値があると思われなければならないし、雇用主は未経験の人材を試す機会を活かせない。

『どてらい男《やつ》』（花登筐《はなとこばこ》原作。丁稚奉公《でっちぼうこう》から身を起こす破天荒な男の一代記）の主人公、山下猛造であれば、商店の主人にねじ込んで、「タダでもええからはたらきたいんや」と強引に仕事を手に入れるだろう。それによって猛造は、高い賃金に見合うだけの有能さを雇用主に証明することができる。それ以上に重要なのは、猛造が、未経験者を雇うというリスクを雇用主と共に負《お》うことだ。雇用主は、リスクを軽減できるこの申し出を喜んで受け入れるにちがいない。

『どてらい男』の時代には、こうした労働条件を違法とする法律はなかった。だがいまや労働基準法が、フリーターやニートの若者が正直な方法で自分の価値を証明することを禁じている。

労働基準法で真に得するのはだれだ？

最低賃金を定めた法律は、多くの若者たちに不幸を招いた以上に、精神的・身体的な障害を持つ労働者たち（盲人、聾唖《ろうあ》者、精神障害者など）に大きな悲劇をもたらした。労働基準法が、利益を追求する経営者に障害者を雇うことを「禁じた」からだ。こうして、障害者の自立へのわずかな希望も粉砕された。

障害者に与えられた選択肢は、福祉に依存する怠惰《たいだ》な生活か、それと同じくらいやる気をそぐ障害者用のどうでもいい単純作業である。自分でまっとうな雇用を不可能にしておいて、「障害者が意欲を持てないのは問題だ」としたり顔で言うのはずいぶんな皮肉である。

アメリカでは、障害者の一部（軽度の障害を持つ人々）を最低賃金以下で雇用することが認められている（日本では障害者を雇用すると政府から助成金が支給される）。これは「軽度の障害者」の雇用に配慮したためで、これによっていまでは彼らは仕事に就《つ》いている。このように政府は、最低賃金規制が「軽度の障害者」の雇用を奪うことを理解しているのである。それなのになぜ、ほかの人々の就業機会を奪っていることに気づかないのだろうか。たとえば、重度の障害者に対してはなぜ最低賃金が免除されないのか。

労働基準法が貧しい労働者を保護していないのであれば、それはだれのための法律なのだろうか。このような法律がどうして議会を通過できたのか。

労働基準法を声高に擁護するのは労働組合である。このことはわれわれをすこしばかり戸惑わせる。なぜなら平均的な組合員の給与は、最低賃金レベルの時給七五〇円を超えているからだ。すでに見たように、もしこの組合員の給与が時給一〇〇〇円相当であれば、彼の賃金は法にのっとっているし、最低賃金の取り決めは給料を増やすのになんの役にも立たない。では、彼の熱心な支持はなんのためなのだろうか。

彼の関心は、中国、東南アジア、中南米などからやってくる外国人労働者の待遇改善でもなければ、大学を卒業しても職のない若者たちに就業機会を与えることでもない。組合はほぼ一〇〇パーセント日本人で、平均年齢は高く、外国人労働者の組合加入は実質的に拒絶されている。では労働基準法における、組織された労働者の背後にあるものはなんだろうか。

労働基準法が最低賃金を無理矢理引き上げると、価格と需要の法則がはたらいて、雇用主は熟練労働者を残し、未熟練労働者を切り捨てようとする。このようにして労働組合は、自らの雇用を守ることができる。言い換えるならば、**熟練労働者と未熟練労働者は互いに代替可能であるため、彼らは競争関係にある**のである。

市場から競争相手を叩《たた》き出すのに、最低賃金を強制することはじつにうまいやり方である。最低賃金が上がれば上がるほど、雇用主は未熟練労働者（若者）や非組合員（とくに外国人労働者）

を雇う気がなくなるだろう。ということは、それがどれほど法外な金額であれ、未熟練労働者が絶対に雇われないような最低賃金を法律で決めればいいことになる（とはいえ現実には、現在の最低賃金を十倍に引き上げる法律が議会を通過すれば組合の構成員は激減するだろう。経営者は全組合員を解雇するか、それができない場合は破産するだろう）。

労働組合は、このような有害な法律を、意図的に、そうと知っていて主張するのだろうか。だがそれは、ここでわれわれが検討する事項ではない。重要なのは法律と、それが現実に及ぼす影響である。

労働基準法のもたらす〝災害〟はひどいものだ。この法律は、貧しい人々や就業経験のない若者たち、外国人労働者など、本来、法律が守るべきとされてきた当の人々を迫害しつづけているのである。

＊本稿の「外国人労働者」は原書ではメキシコからの不法移民であり、「フリーター」「ニート」などの未熟練労働者は、同じく原書では十代の黒人たちである。もちろん、原書の論理構成にはいっさい手を加えていない。ど根性と機転で貧しさから這《は》い上がる人情物語を得意とした「花登筐」は、原書では、貧困から刻苦勉励で成功をつかむアメリカンドリームの原形を描いた十九世紀の作家ホレイショ・アルジャーである（訳者註）。

幼い子どもをはたらかせる資本家

「児童労働否定」の害悪

「社会の敵」リストをつくったとしたら、「子どもをはたらかせる資本家」は必ずやトップ10に名を連ねるだろう。彼らは邪悪で残酷でずる賢く、なにも知らない子どもたちから搾取《さくしゅ》するのだ。一般大衆のイメージでは、子どもの労働は奴隷《どれい》労働に等しく、彼らを雇《やと》う者は、奴隷所有者と大差ない。

だが例によって、このものの見方は間違っている。ほとんどの人が支持する単純な正義というものは、たいていの場合、最初から最後までデタラメなのである。

子どもを雇う資本家は、ほかの人たちと同様に、人が好《よ》くて親切で善意に溢《あふ》れている。そればかりでなく、長く栄光ある労働の歴史において、児童労働は誇《ほこ》るべきもののひとつである。

では、悪者はどこにいるのだろうか。それは子どもたちの雇用主ではなく、〝児童労働〟の自由市場を禁じている人々である。この似非《えせ》ヒューマニストたちこそが、彼らのおかげで仕事を奪われた子どもたちの目を覆《おお》わんばかりの貧困に責任を負《お》うべきである。

貧困が広範囲の児童労働を必要とした過去においてその被害はより甚大《じんだい》だったとしても、現在でもまだ悲惨な境遇におかれた人々がたくさんいる。子どもたちがはたらくのを禁じることは、彼らが生きるのを妨害しているのと同じである。

「子どもをはたらかせる資本家」を擁護《ようご》する第一の理由は、彼らはだれに対してもはたらくことを強制していない、ということだ。労働についてのあらゆる合意は、完全に自発的なものである。お互い得になると思わないかぎり、彼らが合意に達することはない。

ここで当然、次のような疑問が出されるだろう。

「子ども相手の労働契約はほんとうに〝自発的〟と言えるのか？　子どもには、そのような契約を結ぶ能力が欠けているのではないか？」

この問いにこたえるためには、まず最初に「子どもとはなにか」を正しく定義しなければならない。

もちろんこれは、完全に解決されたことのない古くからの難問である。そこで、「子どもと大人を分かつ」とされる年齢をいくつか取り上げ、順に検討していくことにしよう。

子どもと大人のあいだの境界線は、多くの宗教によって、かなり早い時期に引かれている。こうしたイニシエーション《儀式》は、十代のはじめか、あるいはもっと早く行われ、共同体のメンバーはこの儀式によって「大人」になると定められている。しかしたとえば十三歳の子どもは、ごく少数の例外を除けばいまだ成熟しておらず、無力で、独りで生きていくのに必要な技術を知らないでいる。それゆえにこの定義は採用できない。

徴兵資格を得る十八歳が次の候補だが、これも「大人」の定義としてはいくつか問題がある。そもそも戦争に行くことが、大人とどんな関係があるのだろう。戦場での行動は、ふだん〝大人の態度〟と考えられているものとはおよそ対極にある。命令にひたすら従うだけの人間（これこそまさに兵士の本質である）を、いったいだれが「大人」と呼ぶだろう。

次に、国家による強制の典型である徴兵が、命令に従うことの基礎になっているという矛盾《むじゅん》がある。自分の意思でオーケストラの一員となった音楽家が指揮者の指示に従うように、自らすんで入隊した軍人が、「大人」として上官の命令に服従するのはなんの不思議もない。しかしそもそも徴兵には「自分の意思」がないのだから、それをもって大人の基準にするのは無理がある。われわれは、「何歳になったら子どもは自分の意思で契約を結ぶことができるのか」を考えているのだ。

大人への年齢のもっとも遅い候補は、選挙権を得る二十一歳だろう（アメリカの選挙権は現在、十八歳まで引き下げられている）。だがこれさえも厳しい批判を免《まぬか》れない。

第一の疑問は、十歳の子どものなかにさえ——その数は多くないとしても——政治的、社会的、歴史的、経済的な問題に関する正しい知識を持ち、二十一歳以上の有権者より「賢明」な投票ができる小学生がいることだ。もしそうならば、賢い十歳のための、いや何歳であっても賢い子どもたちのための公民権運動をいますぐ始めるべきだろう。だがこれでは、「大人にのみ投票を許可する」という最初の話に合わなくなってしまう。この堂々めぐりから、二十一歳という年齢も恣《し》意的なものにすぎないことがわかる。

人はいつ「大人」になるか

ここまで見たように、どのような恣意的な年齢も、子どもと大人を明確に分かつことはできない。必要なのは、個々の能力や気質、行動のちがいにかかわらず万人に適用される固有の年齢ではなく、それらすべてを考慮に入れられる柔軟な基準なのである。

さらに言えば、この基準はリバタリアンの基本理念、すなわち私有財産権の原則と合致していなければならない。自己所有権や私有財産権の原則を適用するためには、「子どもはいつ大人になるのか」というややこしい問いを避けて通るわけにはいかないのだ。

この問題を解決する理論は、マリー・ロスバード教授によって提唱された。教授によれば、子どもが大人になるのはなんらかの恣意的な年齢に達したからではなく、**私有財産権を確立し、自らの人生を管理するようになったとき**である。すなわち彼が家を出て、独り立ちするときだ。

この基準だけが、恣意的な線引きへの批判を乗り越えることができる。それればかりでなく、リバタリアンの私有財産権の理論に合致し、それを実際に適用することができる。家を出て自立することで、かつての子どもは開拓民のごとき〝創始者〟となり、自らの運命を自らの手で切り開くのだ。

この理論は、われわれにいくつものことを教えてくれる。大人になるということが自分で生活の糧《かて》を得、自分の意思で決定することならば、両親にはこの選択に干渉する権利はない。親は、子どもが家を出るのを禁じることはできない。子どもが家にとどまるかぎりにおいて、子どもに対する権利と義務を持つだけだ（「この家《うち》にいる以上、親の言うことを聞きなさい」という小言はその意味で正しい）。親は子どもの巣立ちを禁じてはいけない。それは、子どもが大人へと成長する過程を侵害することだからだ。

ロスバード教授の理論はまた、精神障害者の意思能力に関する問題を唯一、解決することができる。子どもと大人を恣意的な年齢で線引きすれば、五十歳の精神障害者は、彼が自分のことをどう思っていようとも大人であると見なされる。われわれの社会には、この矛盾を取り繕《つくろ》うさまざまな「例外」が溢れている。

だが私有財産権の理論においては、このことはなんら問題にならない。自らの財産権を手にしていない（手にすることができない）以上、その人が何歳であるかにかかわらず、「大人」ではないのである。

この理論のいちばんのポイントは、もちろん「児童労働」なるものの禁止に関してである。ここでの「児童」とは、恣意的に決められた年齢よりも若い者と定義されているのだが、このような一方的禁止は、家出の決断に対する親の干渉と同様に、大人になるという「自発的な」可能性を片っ端からつぶしてしまう。

もし年齢が足りないからという理由ではたらくことを禁じられたら、家を出て自活するという選択肢は彼の前から消え去ってしまう。私有財産権を奪われた彼は、社会が「大人」と定義する年齢に達するまでひたすら待たなくてはならないのである。

いまこそ「キッズリブ」を!

その一方で、私有財産権の理論は、自活を目指す若者を雇うことを経営者に強制してはいない。たしかに、だれかが彼に仕事を与えてくれないかぎり、自立した生活を手に入れることは不可能だ。これでは、親が家を出ることを禁じたり、国家がそれを規制したりすることとなにも変わらないように見える。

だがいちばんのちがいは、子どもから大人へと成長する自発的な過程は、彼を雇うことを拒否した雇用主によって侵害されているわけではない、ということだ。真の「自発性」は、契約を結ぶ双方が進んでサインをすることからしか生まれない。雇う側も雇われる側も、契約に合意しないかぎり、なんらかの義務を負《お》うことはない。当然、若者の採用を断った経営者に「道徳的責任」があるはずもない(児童労働が法律で禁止されていなければ、すべての経営者は自分が利益になると思う範囲で若者を雇うだろう)。

ここで重要なのは、子どもから大人への平和的で自発的な移行のために「児童労働の禁止」を撤廃させることだけではない。それよりもっと大事なのは、ささやかながらも育ちつつある「キッズリブ(子ども解放運動)」である。

子どもの真の「解放」とは、たとえ親の家に住んでいてもはたらく機会を奪われないことだ。

「家を出よ。自活せよ」とスローガンを叫んだところで、社会が自立することを拒《こば》んでいるのなら、そんな権利になんの意味があるだろう。うっとうしい親を「クビ」にする子どもの権利は、児童労働を禁止する悪法によって根本的に損《そこ》なわれているのである。

ここでもういちど、最初の問いに戻ってみよう。

「年齢や経験不足を考えるならば、子どもとの労働契約はほんとうに自発的と言えるだろうか？」

こたえは「イエス」である。家を出て自活しようとする意思があるならば、何歳であっても、自分の意思で契約を結べるまで十分に成熟しているのである。この問いに「ノー」とこたえる人は、自立を目指す若者に大人になることを禁じているのだ。

「児童労働合法化」への反論はほかにもある。たとえば、「貧しい若者たちは、貪欲《どんよく》な資本家から一方的に搾取されるだけではないのか？」とか。雇用主は、若者の苦境を利用して、好きなだけぼったくることができるのだから。

しかし、若年労働者の境遇がどれほど厳しくても、法律によって収入を得る道を閉ざされるよりはずっとマシである。雇用主は冷酷かもしれないし、仕事は単調で給料は安いかもしれない。だが、はたらく機会さえ奪われなければ、いつの日かよりよい仕事にありつけるだろう。もしもほかに選択肢がないとしても、それが彼に与えられた、生き延《の》びるための唯一のチャンスなのだ。

もっとも自由な労働市場では、雇用主が労働者の弱みにつけこんでぼったくることは原理的に不可能である（前章で説明したように、労働者を限界生産力よりも安い賃金で長期にわたってはたらかせることはできない）。市場には、労働者の生産力に見合うレベルまで賃金を引き上げさせる強い力（見えざる手）がはたらいている。

若者の貧しさや無力がどれほどのものであろうとも、それは雇用主のせいではない。たとえその若者が自分自身を売り込む能力をまったく欠いており、雇用主がそれを利用して不利な契約を結ばせたとしても、雇用主を一方的に非難するのは筋違いだろう。その不運な状況は、彼らが育った家庭環境が生み出したものだからだ。

親に子の扶養義務はない

ここで、「親はどの程度まで子どもの面倒を見る義務があるのか」というあらたな疑問が生じる。

リバタリアンの見解によれば、**親は原則として、子どもに対する積極的な扶養《ふよう》義務を負わない**。世間一般が信じているような、「親は子どもを幸福に育てなければならない」という信念――その根拠が親と子の「契約」であれ、子どもを産むという自発的な「決断」であれ――は、論理的に間違っている。それを実証してみよう。

①すべての子どもは、出自にかかわらず等しい権利を持つ。
②レイプによって生まれた子どもも、ほかの子どもたちと同様に、母親に対する等しい権利を持つ（レイプした男はいなくなったものとする）。レイプに対してどのような考えを持っていようとも、「レイプによって生まれた子どもになんの罪もない」という主張はすべての人が同意するはずだ。
③レイプされた女性は、自らの意思で妊娠したのではない。
④したがって「自ら望んで子どもを産んだのだから親には子どもを養育する義務がある」との暗黙の了解は、レイプされた母親にはあてはまらない。彼女は子どもに対していかなる扶養義務も負っていない。彼女にはその意思がなかったからだ。
⑤〝原罪〟のような宗教的なものは別として、生まれてきた赤ん坊に罪はなく、したがって彼らは親に対して等しい権利を持つ。だがその一方で、親の扶養義務が妊娠の意思を根拠とするのであれば、レイプされて子どもを産んだ母親にはそのような義務はない。ここに、明らかな論理的矛盾《むじゅん》が生じる。
⑥この矛盾を解消する方法はただひとつしかない。すなわち、自ら望んで産んだ子であろうと、レイプによって生まれた子であろうと、**すべての親には子どもに対する扶養義務はない**のである。

「親は子どもを養う義務がある」という広く流布《るふ》した信念は、子どもを望む親の意思を根拠にしている。この論理が完全に破綻《はたん》しているならば――それ以外の解釈はわたしにはちょっと思いつかないが――親の扶養義務そのものが間違っているのである。

「扶養義務がない」ということは、他人の子どもの世話をする義務がないのと同様に、あるいは血縁においても地縁においても自分とはまったく無関係な赤の他人の面倒を見る義務がないのと同様に、自分の子どもに食べさせ、服を着せ、寝場所を与える義務がないということだ。しかしこれは、親が自分の子どもを殺してもいいということではない。他人の子どもを殺す権利がないのと同様に、親には「自分の」子ども、彼らが生を与えた子どもを殺す権利もない。

「親の役割」というものを考えるならば、それはむしろ**養育係**のようなものである。もしも親が、自発的に引き受けたこの役割を放棄したいと思ったり、そもそも最初からその気がなかったならば自由にやめてしまってかまわない。自分の赤ん坊を養子に出したり、あるいは伝統的な方法として、教会や孤児院の前に置き去ることもできる。

しかしその一方で、子どもに食べ物を与えず放置したり、手放すのを拒《こば》んで餓死を待つようなことは許されない。それは殺人にも等しい犯罪として、厳しく罰せられるべきだ。肉体的に傷つけたかどうかに関係なく、子どもを飢えるままに放置した親は、ほかの人々（たとえば養い親）なら与えられたかもしれない養育の機会や親子関係を一方的に奪ったのである。

自発的な児童労働契約は有効

親の養育係としての役割は、私有財産に対する権利の一部と考えることでより明確になるだろう。子どもとは、「大人」と「動物」のあいだの領域にある存在なのだ。

ある人がほかの人を手助けしているとしても、そのことだけで彼はその人の「所有者」になることはできない。一方、彼が動物を飼いならし、生産的な用途に利用するよう努力したとすれば、そのことによって彼はその動物を「所有」していると言える。子どもというのはこの中間で、扶養されることで親に「所有」されてはいるが、それは自らの私有財産権を主張するようになるまでの限定された期間である。すなわち、親からの独立によって人は大人になるのだ。

親は子どもを扶養するかぎりにおいて、子どもに対して支配権を行使することができる（それに対して土地や家畜に対しては、いったん手にしてしまえば所有しつづけるための努力は必要ない。彼は不在地主や不在家畜所有者になることもできる）。もし親が子どもを扶養するのをやめるなら、その子を養子に出すか（一人で生きていくにはまだ幼すぎる場合）、自らの人生を歩み始めるために家出するのを認めなければならない。

もしも、親がかつかつ生きていける程度にしか養育せず、その結果子どもが恵まれない条件ではたらくほかなくなったとしても、その責任を将来の雇用主に負わせるわけにはいかない。こうした若者を雇うことを法で禁止することは、彼の状況を改善しないばかりか、むしろ悪化させるだけである。

もちろん、客観的に見て誤った子育てをする親はたくさんいる。しかしだからといって、彼らを国家の手にゆだねればより幸福になれるというわけではない。国家もまた、とんでもなく間違った子育てをすることがある。そして子どもにとっては、**国家の権力から逃れるよりも、愚《おろ》かな親から自立するほうがずっと容易**なのである。

結論を述べるならば、若年層との労働契約は、それが自発的なものであるかぎりにおいて有効である。年齢にかかわらず、私有財産権を持つ者は「大人」であり、彼はほかの大人と契約を結ぶことができる。もしそうでなければ、彼はまだ「子ども」であり、親の監視のもとにはたらくことができるだけである。

＊前述のとおり、世界的なスポーツメーカー、ナイキはベトナムの工場で子どもたちを劣悪な環境ではたらかせているとして、人権活動家を中心とした世界的なボイコット運動の標的となった。その結果ナイキは、労働条件の改善と児童労働の禁止を徹底すると約束し、十八歳未満の若年労働者を解雇した。この人権運動の「成果」によって、職を失った子どもたちは、物乞《ものご》いや売春などより劣悪な労働に従事せざるをえなくなった（訳者註）。

「ヒーロー」からその地位を奪うために

マリー・ロスバード
（経済学者）

経済学者は長年にわたり、自由な市場がいかに大きな恩恵を人々に与えているかを示しつづけてきた。アダム・スミスの時代から、生産者や企業家が、個人的な利益のみを追求しながら、知らず知らずのうちに多大な利益を一般大衆に与えていることを繰り返し説いてきた。自らの利益を最大化し、損失を最小化しようと努力することによって、企業家はもっとも効率のいい方法で消費者のニーズを満たすよう駆《か》り立てられてきた。

だが経済学者はこれまでずっと、この真実を抽象的なやり方でしか説明してこなかった。最近になってようやく、具体的な事例で民間経営の優位性と効率性が論証されるようになってきたが、それでも堅物《かたぶつ》な学者が扱うのは世間的に「尊敬」される業種、すなわち農業や石油産業や鉄道や銀行業などにかぎられている。

本書が出版されるまで、いかなる経済学者も、われわれの社会で罵倒《ばとう》され、軽蔑《けいべつ》され、救いがたいほど誤解されている職業に従事する人々の問題と取り組む勇気を持っていなかった。ひとりウォルター・ブロック教授だけが、彼ら「経済的なスケープゴート」を擁護《ようご》すべく果敢にペンをとったのである。

『不道徳教育』においてブロック教授は、大胆かつ論理的に、ときには辛辣《しんらつ》な機知によって、ポン引きやシャブの売人、高利貸しのような嫌われ者が多大な経済的利益をもたらしていることを示し、彼らの社会的地位を回復させるべく奮闘している。それにくわえて本書では、自由な市場で遂行されているあらゆる生産的活動の本質的な性格が、これ以上ないと言っていいほど完璧に描かれている。もっとも極端な事例を取り上げ、そこにおいてすらアダム・スミスの言う「見えざる手」がはたらいているのを示すことによって、凡百の経済書よりもはるかに説得力溢《あふ》れる筆致で自由な市場の効率性と道徳性が論証されていくのだ。

本書で取り上げられる極端な事例の数々は、読者の感受性を間違いなく逆なでするであろう。ブロック教授はそれによって、条件反射的で感情的な反応を見つめ直すよう読者を促し、自由な市場の価値とはたらきについての新しく、そしてはるかに健全な知識を獲得するよう導いていく。

もしあなたが自由経済を支持しているとしても、あらためて「自由な市場」とはどのようなものかを突きつけられる覚悟をしておいたほうがいい。本書はあなたにとって、エキサイティングでショッキングな冒険の旅となるであろう。

読者のなかには、本書に登場する「不道徳な人々」が経済的な利益をもたらしていることをしぶしぶながら承認する人もいるかもしれない。しかしなぜ、彼らは「ヒーロー」なのだろうか。なぜポン引きやシャブの売人が、八百屋や洋服屋、あるいは製鉄会社の社長のようなまっとうな人たちよりもエラいのだろうか。ブロック教授も述べているように、それは、彼らがわたしたちの社会でまったく尊敬されていないからである。

八百屋の経営者や製鉄会社の社長は、だれにも邪魔されずに自分たちの仕事に専念できるばかりか、世間の尊敬や信望を集めることもできる。だが「経済的なスケープゴート」たちは、自分たちの経済活動が理解されないだけでなく、社会から軽蔑や憎悪を浴びせられ、国家から規制や禁止を強要されている。だが彼らは、こうした迫害にも負けず、自らのビジネスに雄々しく邁進《まいしん》しているのである。これこそまさに「ヒーロー」ではないか。

だが彼らは、ヒーローではあっても聖人である必要はない。著者は彼らの活動が、ほかの職業よりも道徳的に優れていると述べているわけではない。もしもわたしたちの社会が、ポン引きやシャブの売人や高利貸しをほかの職業と同列に扱うならば、彼らはもはやヒーローたりえない。ブロック教授の言うように、ヒーローとしての彼らの地位は、社会が彼らに課した不公正な仕打ちによって築かれているのだ。これが、本書の愉快なパラドックスである。

あなたがもし、ポン引きやシャブの売人を「ヒーロー」と呼ぶことに憤慨《ふんがい》するのであれば、彼らからその地位を奪うのは簡単だ。本書のアドバイスにしたがって、「不道徳な人々」に対する社会の偏見を取り除いてやればいいのである。

訳者あとがき

訳者からのお詫《わ》びとお断りをいくつか。

読者の方はすでにお気づきだろうが、翻訳にあたっては、原文を逐語的に日本語に移し変えるのではなく、私がこの本を読んでいたときのように、適宜、日本の現状にあてはめて訳し直している（ときには「意訳」を通り越して「超訳」にちかい部分もある）。原書の正確な翻訳を望んでおられる方には申し訳ないのだが、私は学者ではなく、本書も学術書ではなく、読者を挑発し、混乱させ、怒らせることを目的としていると考えたからだ。ただしどのように「超訳」しても、著者の論理にはいっさい手をくわえていない（このような翻訳が可能になるのは、言うまでもなく著者が「原理主義者」だからである。ゴシップ雑誌がインターネットの匿名《とくめい》掲示板になろうが、バーモント州のメイプルシロップとフロリダ州のオレンジが青森県のリンゴと沖縄県のサトウキビに変わろうが、「原理」的に、いつでもどんな場所でも同じ論理が展開可能なのである）。

また著者の許可を得て、原書にある八項目を日本版には掲載しなかった。その基準は、(1)三十年前は不道徳と見なされていたが現在は市民権を得た職業、(2)日本には馴染《なじ》みのない職業で、こうした事例は逆に、読者を挑発する本書の魅力を妨《さまた》げると考えたためだ。参考として、以下にそれらの概要のみ述べておく。

①宣伝屋

「広告は付加価値を生まないから不要である」との偏見に対する反論。われわれは常に、学歴や肩書や衣装などによって実物以上に見せようと「宣伝」している、とブロック教授は説く。「広告業」はいまや不道徳な職業ではなく、企業の広告部や大手広告代理店は花形職業になってしまった。

②白タク運転手

日本にも白タクは存在するが、著者が擁護《ようご》するのはハーレム（黒人居住区）の無許可営業タクシーなので、事情はかなり異なる。タクシー免許を廃止すれば、利用者の利便性が向上すると同時に貧しい黒人たちの所得も増えると説く。

③スラム街の不在地主

スラム街にアパートを所有し、貧しい人々から「法外な」家賃をとる地主の擁護。ニューヨーク市は貧困地区の家賃を厳しく統制しているが、これは多くの経済学者から「ホームレスを生み出す元凶」と批判されてきた。法律が貧困層から高い家賃をとることを禁じれば、家主は貧乏人を追い出し、家賃規制を受けない賃借人にアパートを貸すだろう。家賃規制を撤廃し、家主と賃借人のあいだで自由に家賃を決めるようにすれば、貧困地区の住宅事情は改善すると論じている。

④スラム街の商人

スラム街の食料品店は高級住宅街の店よりも値段が高い。だが、これをぼったくりと批判するのは間違いで、治安の悪い貧困地区で営業するリスクを考えれば当然のことである。もしも貧困地区の食料品価格を強制的に引き下げれば、店は営業をつづけられなくなり、住民たちはわざわざ高級住宅街まで買い物に行かなくてはならなくなるだろう。

⑤ブローカー

生産者と消費者を結ぶ卸売業者の擁護。ブローカーの存在によって商品の流通はより効率化すると説くが、今日、卸売業者を「不道徳」と見なす人はいないだろう。

⑥露天掘り炭鉱夫

石炭の掘削《くっさく》において、露天掘りは環境に与える害が大きいと批判されている。ブロック教授は、露天掘りは深掘りよりも炭鉱事故の危険性が少ないと指摘したうえで、他人の土地（あるいは川）を汚染した場合は、リバタリアンの所有権理論によって、汚染者に損害賠償の義務が発生すると説く。露天掘りが景観を損《そこ》ねるとの批判に対しては、なにを美観と見なすかは個人の主観の問題だと反論する（青々とした大地より砂漠の荒廃や空虚を好む人もいる！）。おもしろい議論だが、日本ではすでに炭鉱そのものが存在せず、露天掘りは中国や東南アジアの一部で行われているだけである。

⑦非組合員

労働組合に加入しない「不道徳」な人々の擁護。非組合員は「私たちの仕事を奪う」と批判されるが、そもそも仕事は労働者の所有物ではなく、労働契約は雇用主と被雇用者の自発的な取引によって結ばれる。周知のように、今日では労働組合に加入しないことが当たり前となり、非組合員に対する差別はほとんど存在しない。

⑧価格破壊者

ここで言う「価格破壊者」とは、労働者間の慣習を無視して強引に仕事を進めようとする「やる気に溢《あふ》れた」若者のこと。かつては、こうした行動は労働者の団結を阻害する不道徳な行動とされた。今日でも公務員の世界にははたらきすぎを忌避《きひ》する風潮が残っているかもしれないが、民間企業ではほぼ絶滅した。

本書冒頭の「はじめてのリバタリアニズム」は、もともと「あとがき」のために書き下ろされた文章であるが、出版社の意向で巻頭におかれることになった。訳者としては、フリードリッヒ・ハイエクの序文を差しおいて拙文から始まるのはおそれ多いかぎりだが、三十年も前の本を翻訳出版したいとのわがままを快諾していただいた見識に敬意を表し、一介の「市場原理主義者」として出版企業家の判断に従うことにした。

最後に個人的な感想を述べるなら、映画『セルピコ』について語った章（「悪徳警察官」）が本書のなかでもっとも印象に残っている。高校生のとき、この話題作を街の映画館に観にいき、なんとも言えない違和感を覚えた。その理由が、三十年たってようやくわかったからだ。

原書には、それぞれのテーマに合わせた洒脱《しゃだつ》なイラストが掲載されている。翻訳にあたっても皮肉の効いた諷刺《ふうし》画を入れたいと考えていたのだが、今回、『東京ゾンビ』（青林工藝舎）でいまをときめく花くまゆうさく氏に各項目の扉画を引き受けていただけたことは、翻訳者として望外の喜びであった（『野良人』以来のファンです）。

リバタリアニズムについての参考文献は、拙著『雨の降る日曜は幸福について考えよう』（幻冬舎）の巻末に掲載してある。この本には、私なりのリバタリアンな提言が述べられているので、興味のある方はあわせてお読みいただければ幸いである。

二〇〇五年十二月

橘《たちばな》　玲《あきら》

ウォルター・ブロック Walter Block
1941年、ニューヨーク生まれ。コロンビア大学経済学博士。現在、ロヨラ大学（米ニューオリンズ）経済学部教授。オーストリア学派経済学者。リバタリアン／無政府資本主義者。全米ベストセラーとなった本書のほか、『差別・アファーマティブアクション・機会の平等』『第三世界の発展と経済的正義』など著書・編著書多数。
〔ホームページ〕http://www.walterblock.com/

橘 玲 Tachibana Akira
1959年生まれ。作家。2002年、小説『マネーロンダリング』（幻冬舎文庫）でデビュー。同年、「新世紀の資本論」と評された『お金持ちになれる黄金の羽根の拾い方』（幻冬舎）がベストセラーとなる。著書にはほかに、『得する生活』『雨の降る日曜は幸福について考えよう』『永遠の旅行者　上・下』（以上、幻冬舎）、共著書に『世界にひとつしかない「黄金の人生設計」』『「黄金の羽根」を手に入れる自由と奴隷の人生設計』（以上、講談社＋α文庫）などがある。
〔ホームページ〕http://www.alt-invest.com

DEFENDING THE UNDEFENDABLE
不道徳教育《ふどうとくきょういく》――擁護《ようご》できないものを擁護《ようご》する

2006年2月2日　第1刷発行

著者――――ウォルター・ブロック
訳者――――橘 玲《たちばなあきら》

装幀――――鈴木成一デザイン室

発行者―――野間佐和子
発行所―――株式会社 講談社
東京都文京区音羽2-12-21　〒112-8001
電話　編集03-5395-3530
販売03-5395-3622
業務03-5395-3615

印刷所―――慶昌堂印刷株式会社
本文図版――朝日メディアインターナショナル株式会社
製本所―――株式会社若林製本工場

ISBN4-06-213272-9